REENCONTRAR A ESPERANÇA

Kathryn J. Hermes

REENCONTRAR A ESPERANÇA

A passagem através da escuridão

(com exercícios de cura de Helena Cote)

Dados Internacionais de Catalogação na Publicação (CIP)
(Câmara Brasileira do Livro, SP, Brasil)

Hermes, Kathryn J.
   Reencontrar a esperança : a passagem através da escuridão / Kathryn J. Hermes ; com exercícios de cura de Helene Cote ; [tradução Barbara Theoto Lambert]. – São Paulo : Paulinas, 2017. – (Psicologia e espiritualidade)

   Título original: Holding on to hope : the journey beyond darkness.
   ISBN: 978-85-356-4333-6

   1. Consolação 2. Cura - Aspectos religiosos - Cristianismo 3. Cura espiritual 4. Emoções - Aspectos religiosos - Cristianismo 5. Esperança - Aspectos religiosos - Cristianismo I. Cote, Helene. II. Título. III. Série.

17-07706   CDD-234.131

Índice para catálogo sistemático:
1. Cura interior : cristianismo   234.131

1ª edição – 2017

Título original da obra: Holding on to Hope: The Journey Beyond Darkness
© 2010, Daughters of St. Paul
Publicado por Pauline Books & Media, 50 St. Paul's Avenue, Boston, MA 02130.

Direção-geral: *Flávia Reginatto*
Editora responsável: *Andréia Schweitzer*
Tradução: *Barbara Theoto Lambert*
Copidesque: *Ana Cecília Mari*
Coordenação de revisão: *Marina Mendonça*
Revisão: *Sandra Sinzato*
Gerente de produção: *Felício Calegaro Neto*
Capa e diagramação: *Jéssica Diniz Souza*
Imagem de capa: *Fotolia – ©dimedrol68*

Nenhuma parte desta obra poderá ser reproduzida ou transmitida por qualquer forma e/ou quaisquer meios (eletrônico ou mecânico, incluindo fotocópia e gravação) ou arquivada em qualquer sistema ou banco de dados sem permissão escrita da Editora. Direitos reservados.

Paulinas
Rua Dona Inácia Uchoa, 62
04110-020 – São Paulo – SP (Brasil)
Tel.: (11) 2125-3500
http://www.paulinas.org.br
editora@paulinas.com.br
Telemarketing e SAC: 0800-7010081
© Pia Sociedade Filhas de São Paulo – São Paulo, 2017

Sumário

Agradecimentos
9

Introdução
11

Antes de começar
17

Exercício contemplativo guiado de imagens mentais
19

Capítulo 1
Três princípios básicos de cura
"Eis que faço novas todas as coisas"
21

Capítulo 2
Ver de um jeito novo
"Queres ficar curado?"
33

Capítulo 3
Apele aos recursos de Deus
"Sacia as entranhas com este rolo"
45

Capítulo 4
Vitalmente ligado a Cristo
"Meu Pai é o agricultor"
59

Capítulo 5
Um futuro com o qual só Deus poderia sonhar
"Não tenhas receio de receber Maria, tua esposa"
71

Capítulo 6
Abrace Jesus
"Seja como o mais novo"
85

Capítulo 7
Corrija seu mundo interior
"Felizes os puros de coração"
97

Capítulo 8
Encontre Deus em lugares inesperados
"O Senhor vai passar"
111

Capítulo 9
O segredo da beleza, do amor e da segurança
"Alegra-te, cheia de graça! O Senhor está contigo."

Capítulo 10
Compreender quem eu sou
"O dobro do teu espírito"

Apêndice 1
Escolhas práticas cotidianas para cura e esperança

Apêndice 2
Processo para se revestir de Cristo em sete etapas

Posfácio
Agarre-se à esperança

AGRADECIMENTOS

Agradecer a todas as pessoas que fazem verdadeiramente parte deste livro seria impossível. Amigos, parentes, médicos, terapeutas, minha comunidade, orientadores espirituais, colegas... muitas pessoas fazem parte de minha jornada em direção à cura e à esperança, por meio de muitas lutas em minha vida, e sua influência e sabedoria refletem-se nestas páginas. Irmã Helene Cote, com quem escrevi este livro, foi personagem importante para dar novos rumos a meu processo de cura e minha escrita. O que está bom se deve ao papel que todas essas pessoas desempenharam em minha vida; assumo a responsabilidade por quaisquer erros.

Entretanto, algumas pessoas merecem minha gratidão especial, pois, sem elas, esta obra não teria chegado ao prelo. A primeira é a Irmã Christine Salvatore Setticase, fsp. Ela é a razão primordial pela qual este livro chegou em tempo às mãos do editor. Seus valiosos comentários do princípio ao fim do livro apontaram muitas falhas que, com gratidão, consegui corrigir antes da publicação. As pessoas a seguir leram o manuscrito várias vezes. Quero agradecê-las por seu tempo e generosidade: Irmã Sharon Anne Legere, fsp; Anna Welch; Irmã Denise Cecilia Benjamin, fsp; Dora Duhaylonsod; Anthony Ruggiero; Tony Hermes; Irmã Philomena Mattuzzi, fsp; e meus pais, Gordon e Pat Hermes, que sempre me dão sólido apoio. Recentemente, foi um prazer trabalhar com meus editores, Irmã Grace Dateno, fsp, que ajudou a Irmã Helene e eu a nos organizar e concretizar nosso conceito de livro, e Irmã Mary Lea Hill, que ajudou a moldar e polir a obra.

Introdução

Eu estava lá havia quatro dias. Deixei um programa de ministério que se estendia demais para me dedicar a um processo de cura com uma semana de duração em um lugar lindo – uma tranquila casa de retiro no litoral do Atlântico no fascinante Maine. Eu esperara quatro dias para a cura começar. "Não está pronta", minha orientadora declarava todos os dias quando nos encontrávamos. As palavras eram como uma sentença de morte à medida que os minutos preciosos do retiro se passavam rapidamente. Eu estava ficando sem tempo, mas não podia fazer nada além de me sentar no balanço do gramado da frente balançando-me para a frente e para trás, a alma presa ao poder gelado de uma nevasca interior, os cristais de gelo espirituais recusando-se a derreter no calor do suave ritmo praiano do centro de retiro.

"Terapia", minha orientadora me dissera no início do ano, "é um recurso maravilhoso e lhe dá instrumentos, discernimento, experiência. Mas a terapia não a cura. Só Deus cura". Bem, eis-me aqui, Deus, à espera. O que é essa coisa mágica chamada cura para a qual não estou pronta? Pode fazer alguma coisa, qualquer coisa, para ajudar-me a ser outra pessoa, eliminar meus problemas, mudar minha personalidade, apagar meu passado, realizar meus sonhos?

Aqueles de nós que já sofremos de depressão, que fomos vencidos pela aflição, derrubados por uma doença grave ou abalados pela traição ou o fracasso, quase sempre procuramos mais que a sobrevivência. Essas realidades mantêm-nos trancados em uma caixa diminuta e restringem o aprimoramento de nossa personalidade, nossa carreira, nossas amizades, nosso casamento e nosso espírito. Mesmo quando recomeçamos a rezar, obtemos a ajuda de um orientador espiritual, iniciamos um regime de dieta, exercícios e, se necessário, remédios e métodos alternativos de saúde, sentimos de certa maneira que deve haver algo mais.

Este livro trata desse algo mais.

Quase dez anos se passaram desde que escrevi *É possível superar a depressão: uma abordagem à luz da fé* (São Paulo: Paulinas, 2. ed., 2010). Leitores declararam que o que acharam mais proveitoso no livro foi a ligação entre a fé e as lutas emocionais. De algum modo, sabiam que Deus estava ali, no meio do caos, mas não tinham olhos para vê-lo e ouvidos para ouvi-lo. O livro oferecia ferramentas para se ligar a Deus na fé. Durante muito tempo, tive essa persistente sensação de que as pessoas precisavam de algo mais, além do que encontravam em *É possível superar a depressão*. Estavam prontas agora para uma profunda transformação espiritual – mas a revelação desse caminho espiritual precisava levar cuidadosamente em conta as lutas e realidades individuais de alguém que durante algum tempo vivera em intensa escuridão.

Reencontrar a esperança trata de como aprender a ser receptivo a Deus, que se liga a nós para realmente nos curar – curar, repito, não tratar da depressão ou apagar as tristezas do fracasso ou restituir amores perdidos. Os títulos dos capítulos são uma chave para essa mudança de postura. Os capítulos de *É possível superar a depressão* são títulos com citações de pessoas com depressão: "Por que Deus não me cura?"; "Não consigo parar de chorar!"; "Estou ficando louco!". Por outro lado, os títulos dos capítulos de *Reencontrar a esperança* incluem citações de Deus, encontradas na magnífica carta de amor de Deus para nós, as Escrituras: "Eis que faço novas todas as coisas"; "Queres ficar curado?"; "Felizes os puros de coração".

Nos três últimos dias de meu retiro no Maine – onde finalmente minha guia declarou-me "pronta" –, fui levada a um caminho transformador que eu jamais teria trilhado sozinha. Este livro pretende revelar-lhe essa jornada, para que você também possa ser curado.

Cada capítulo é uma parte da jornada

Deixe-me explicar como a Irmã Helene e eu organizamos este livro.

Todos os capítulos examinam como nós, enquanto seres humanos, somos transformados. Cada passo que damos na cura, espiritualidade ou transformação é composto de elementos que se completam uns aos outros: um elemento racional, um elemento emocional, um elemento espiritual, às vezes um elemento fisiológico, um elemento divino. Somos inspirados ou movidos em muitos níveis diferentes: nossa mente, nossa vontade, nosso coração, isto é, no nível de nossos pensamentos, julgamentos, desejos, ideais, convicções, escolhas, decisões. Usando outra forma mais popular de expressar essa integração de nosso crescimento, somos transformados em nossa mente, nosso corpo, nossa alma e nosso espírito. Começamos a nos sentir diferentes, a nos mover em um espaço interior diferente, a pensar diferente. Mudam nossas escolhas na vida cotidiana, preferências, estilos de trabalho e estilos de recreação. Vemo-nos reagindo a situações e pessoas à nossa volta de maneira mais saudável. Emocionalmente, estamos em um lugar melhor. Nossos amores se intensificaram, mudaram. Nossa participação na espiritualidade e na vida de Deus tornou-se parte mais integrante de nossa vida. É o que São Paulo queria dizer com: "Eu vivo, mas não eu: é Cristo que vive em mim. Minha vida atual na carne, eu a vivo na fé, crendo no Filho de Deus" (Gl 2,20).

Assim, cada capítulo deste livro inclui elementos para toda essa experiência de mente-corpo-alma-espírito que sustenta a cura e a mudança transformadora.

Imagens

Histórias falam ao coração; só elas conseguem mover-se furtivamente sob as armadilhas de nossos hábitos mentais e preconceitos. Elas inspiram coragem nos corações que estão mais amedrontados ou adormecidos. As histórias, ou sonhos, ou imagens apresentadas em cada capítulo são narrativas que relatam diretamente uma interação com Deus.

Escritura

A Escritura é o elemento divino do plano de cura. A Palavra divina tem a capacidade de nos atingir de um jeito novo, muito parecido com a maneira como o raio nos atinge. Naturalmente, não nos mata, mas gradativa ou imediatamente "mata o homem velho" e permite que a pessoa nova dentro de nós seja livre e cresça.

Perguntas de reflexão para uso pessoal ou de grupos pequenos

Perguntas nos ajudam a analisar o que o texto significa para nós, o que foi estimulado dentro de nós, que chamados ou puxões sentimos em nosso coração, que desafios enfrentamos, que surpresas nos abalaram. Você as encontrará na seção intitulada "Análise" porque essas perguntas evocativas não se destinam a ser um teste nem uma revisão, mas sim uma análise adicional. Podem ser usadas como um tipo de jornada pessoal na orientação espiritual.

Experiências contemplativas ou "escutar"

Cada sonho ou imagem apresentada no capítulo também pode ser um fim de linha para a interação com Deus, a fim de verdadeiramente escutar o que o Senhor nos fala bem lá no nosso íntimo. Essas imagens "preparam o terreno", por assim dizer, e deixam o restante por conta do Senhor, que lida diretamente com cada um de nós. Elas orientam um relacionamento profundamente piedoso com Deus e, ao mesmo tempo, uma profunda reavaliação e cura de nossa vida. Com efeito, as duas realmente caminham juntas.

Descansar

Além da contemplação da Escritura que segue a imagem, três conjuntos de passagens bíblicas com introduções são fornecidos no final de cada capítulo sob o cabeçalho "Descansar". Esse pode parecer um título curioso, mas vou explicar. Depois de todo o "trabalho" do capítulo, você vai precisar descansar. Não há melhor lugar para "descansar" do que na mensagem divina da Escritura para nós. Essas passagens estão no final de cada capítulo de propósito, para possibilitar-lhe ir mais devagar e fazer uma pausa antes de passar para o capítulo seguinte. Você poderá ver o tema do capítulo de perspectivas e ângulos diferentes. As introduções o convidarão a comparar e pôr em contraste diversas pessoas da Escritura que lidavam com as questões levantadas pelo assunto do capítulo. Assim, reserve uns três dias e continue a contemplar o capítulo antes de continuar a leitura. Afinal de contas, o médico não o cura sem realizar a cirurgia necessária. Não pode apenas falar a respeito dela, descrevê-la ou prepará-la. O médico precisa realmente fazê-la e o paciente precisa passar por ela. A seção "Descansar" pode ser considerada o lugar da "cirurgia divina". Resista à tentação de deixá-la de lado.

Exercícios de cura interior

No retiro de cura mencionado na introdução, minha orientadora, Irmã Helene Cote, empregou muitos exercícios de cura interior como ferramentas práticas para me "desgrudar" de meu padrão de pensamento-escolha-emoção para que eu pudesse livremente dar prosseguimento a uma vida mais completa e seguidora de Cristo. A seção de cada capítulo intitulada "Cura interior" foi escrita pela Irmã Helene e apresenta meios realmente proveitosos e eficazes para integrar o assunto do capítulo na sua vida cotidiana, a fim de que a espiritualidade não se torne nem permaneça dividida em categorias sem nenhuma influência em seu estilo de cuidados paternais ou maternais, decisões de negócios, escolhas de vida etc.

Irmã Kathryn Hermes

Antes de começar

A escuridão da depressão não me é estranha e durante quase vinte anos fui vítima de muitas dúvidas, julgamentos, fadiga contínua e ódio de mim mesma. Era como se usasse um pesado casaco com capuz que me fazia vergar e me impedia de ver claramente, de viver plenamente a vida. Depois de anos de luta, comecei no ano 2000 um tempo sabático que me levou a uma jornada dolorosa, mas incrível, de descoberta de mim mesma. Agora minha vida é muito diferente. Estou verdadeiramente feliz e em paz. Embora eu seja orientadora espiritual e não terapeuta, minha esperança é que as ferramentas que compartilho neste livro (a seção "cura interior" de cada capítulo), que me ajudaram ao longo dos anos e que empreguei com tantos outros, ajude você a recuperar uma vida cheia de esperança e alegria.

Uma das maiores verdades sobre a cura é que não podemos curar a nós mesmos. Precisamos da graça divina (como foi mencionado na Introdução) e também precisamos que os outros sigam conosco. Um dos passos básicos na cura é aprender a articular o que sentimos, o que pensamos. Por esse motivo, talvez você deseje usar este livro com um orientador espiritual, um mentor, um amigo, ou um terapeuta cheio de fé. Se não tem ninguém com quem partilhar esta jornada, fazer um diário é uma forma significativa de "expressar" sua verdade em voz alta.

Antes de iniciar um dos exercícios de cura interior encontrados no final de cada capítulo, é sempre bom começar com um momento de oração. É possível utilizar qualquer forma de oração, mas imagens mentais guiadas são especialmente proveitosas porque nos permitem usar a imaginação e estar abertos a símbolos particularmente valiosos para nós. O exercício a seguir pode ser repetido em cada capítulo, antes do exercício de cura interior.

Irmã Helene Cote

Exercício contemplativo
guiado de imagens mentais

Reserve algum tempo para ficar quieto. Sente-se em um lugar confortável, onde não seja perturbado. Se preferir, estabeleça o clima com algum instrumento musical suave tocando ao fundo. Feche os olhos. Comece respirando fundo, lembrando-se de que o Espírito divino o cerca e está dentro de você. Peça a Deus que o guie nessa jornada interior. Durante alguns momentos, inspire o Espírito de Deus e exale toda a ansiedade, medo ou desconforto que você possa sentir. Inspire o Espírito e renuncie a tudo que lhe pesa no coração.

Imagine-se em um lugar lindo na natureza. Pode ser um lugar real ou imaginário. Estabeleça-se nesse lugar usando os sentidos. O que você vê, ouve, cheira, sente? Saboreie a beleza e se descontraia. Você vê um caminho e começa a segui-lo, sempre assimilando a beleza. Finalmente, vê um banco e senta-se. Enquanto está ali sentado, deixe a paz e a beleza desse lugar o sustentarem. Esse é seu espaço sagrado e você pode voltar aqui quando quiser. Agora imagine que está envolto em uma cálida luz dourada. Você está seguro no abraço amoroso de Deus. Sinta o calor impregnar seu corpo. Sente-se tranquilamente e peça a Deus a graça para seguir corajosamente o caminho da cura e da esperança. Fique ali o tempo que quiser e, quando sua nuvem pessoal se dissipar, você se verá mais uma vez saboreando a beleza à sua volta e o encontro que teve. Quando se sentir pronto, volte ao presente e ao lugar onde se encontra, abrindo os olhos. Observe o que está vindo à tona. Registre em seu diário e comece o trabalho interior.

O Senhor diz: "Farei brotar nos seus lábios o sorriso de felicidade, felicidade para os de longe e para os de perto [...] sim, hei de curá-lo!" (Is 57,19).

Capítulo 1

Três princípios básicos de cura
"Eis que faço novas todas as coisas"

Imaginar vividamente

A noite cobria meu quarto com uma escuridão que era pungentemente fria. O despertador invadiu o silêncio com o alto e indesejável anúncio do alvorecer que se aproximava. Procurei rápida e desajeitadamente na escrivaninha papel e caneta para anotar um sonho que tivera. Nunca lembro meus sonhos, mas este fora nítido demais para deixá-lo escapar na névoa do subconsciente. No sonho, eu estava em uma sala com uma amiga a quem eu deixara claro que não podíamos, sob nenhuma condição nem por nenhuma razão, mudar a mobília de lugar. Enquanto eu pegava o casaco em outra parte da casa, minha amiga começara a tirar a mobília do lugar, sem prestar atenção onde os móveis iam parar. Fui tomada de pânico quando percebi que ela não só mudara a posição da cama, da mesa e das cadeiras, mas criara o pesadelo de um decorador de interiores.

Anotei alguns símbolos aparentemente simples e na semana seguinte partilhei-os com minha orientadora espiritual, que me incentivou a trazer para a oração o símbolo da mobília. "Muitas vezes o Espírito nos fala por intermédio de sonhos, em especial os que são tão nítidos".

Em nossa conversa, decidimos que o pânico pela mudança da mobília de lugar simbolizava definitivamente me sentir fora de controle, quando minha amiga contestou minhas imprecisas decisões de vida. Tenho tudo calculado e não preciso de nada novo para abalar as coisas, obrigada.

Uma diminuta centelha de liberdade acendeu o pânico da mudança diferentemente pressentido, que era simbolizado pela mobília agora espalhada confusa e desorganizadamente pela sala.

Durante as semanas seguintes, quando eu rezava, a imagem do sonho expandia-se em minha oração e eu percebia que a sala voava – símbolo de transcendência – e que havia uma porta aberta. A minha amiga na sala na verdade era Deus, que, agora, empurrava a mobília para fora da porta aberta e que, para meu horror, estava era tentando empurrar-me para fora da porta. "Ah", disse minha orientadora espiritual, "então Deus não tem medo de empurrar o homem velho porta afora...". Ignorei o comentário.

Entender o significado da mobília tornou-se uma odisseia contemplativa. O símbolo tinha camadas de significado. Uma descoberta transformadora que fiz foi que a mobília simbolizava o conceito e os julgamentos que eu fazia de mim mesma, os rótulos que me atribuía ou permitia que os outros me atribuíssem, minha autoanálise. É tarefa da mente fazer julgamentos. Depois de tudo que dizemos ou fazemos, nossa mente diz: "Isso foi brilhante!"; "Por que eu disse isso?"; "O que ela vai pensar de mim agora?". Deus estava dizendo: "Vamos pôr tudo para fora. Não tenho serventia para isso. Não tem significado real. Está prendendo nós dois em uma caixa. Impede que nosso relacionamento se desenvolva".

Como eu não confiava em Deus o bastante para deixá-lo fazer isso, conseguira impedi-lo de me atirar porta afora. Assim, sem a mobília, a sala estava vazia. Na sala restávamos só eu e Deus, e me curvei diante dele. Já não estávamos separados por meus constructos e julgamentos mentais. Enquanto permanecia na presença de Deus, eu abandonava minhas análises e pensamentos à medida que surgiam e voltava a uma percepção simples e receptiva.

Contemplação

"Eis que faço novas todas as coisas" (Ap 21,5).

O autor do livro do Apocalipse, que se acredita ser o Apóstolo João, chama a si mesmo de profeta. Na ilha de Patmos, ele recebe uma série de visões que lhe permitem dar esperança aos irmãos e irmãs que sofrem perseguição na Ásia Menor. As sete igrejas relacionadas nos três primeiros capítulos desse livro eram sete cidades em uma única estrada. O livro teria facilmente sido passado de congregação a congregação e lido em voz alta para os cristãos que precisavam de estímulo em meio ao sofrimento.

O autor relata para seus companheiros cristãos perseguidos uma visão semelhante às descritas nos livros veterotestamentários de Daniel e Ezequiel. Quando tem a visão dos sete candelabros e de um homem que segura sete estrelas e anda no meio deles, ele cai aos pés do homem. O autor, que passara pelo inferno pessoal, espiritual e psicológico da perseguição e recusara-se a adorar as imagens do imperador, agora cai como morto diante do homem de cabelos brancos como a neve e de olhos como chama de fogo. O homem toca João com a mão direita e diz: "Não tenhas medo. Eu sou o Primeiro e o Último, aquele que vive. Estive morto, mas agora estou vivo para todo o sempre" (Ap 1,17-18).

Nessa visão, João nos ensina três princípios básicos de cura: adorar, ouvir, ver. Esses três princípios básicos são a "movimentação da mobília" inicial, por assim dizer, que dá início a nossa cura.

Adorar

Primeiro, Deus transpõe os conceitos que temos de nós mesmos, às vezes de maneira perturbadora, a fim de se revelar a nós. Deus age firmemente, tomando as coisas em suas mãos (e tirando-as das nossas). Talvez choremos nessas primeiras etapas. Um dia, porém, ele enxugará nossas lágrimas. Deus não tem medo "de empurrar o homem velho porta afora", de desarrumar a organização de nossas vidas – o que nos julgamos capazes de fazer, nossos planos que mantêm nossos medos em xeque, o controle que reivindicamos sobre os outros para nossa proteção.

A resposta que Deus espera é a adoração, porque, no fim das contas, não somos nós que fazemos novas vidas para nós. É Deus que, exatamente como vai criar novos céus e uma nova terra, faz-nos novos.

Enquanto nossa resposta ao fato de ter a vida perturbada continua a ser a ira – reação humana perfeitamente compreensível –, a cura não se inicia. A terapia ajuda-nos com a ira. O orientador espiritual analisa conosco nossa imagem de Deus. Mas, no final, nós mesmos precisamos decidir adorar.

Escutar

Segundo, quando assumimos o risco de adorar, escutamos a voz de Jesus dizendo: "Não tenha medo. Estou aqui.

Controlo tudo. Sou o Começo e o Fim. Morri e agora estou vivo para sempre". Para os cristãos perseguidos, ameaçados de execução por se recusarem a adorar o imperador romano, ouvir a voz daquele que morreu dizendo que agora ele controla os caminhos de passagem da morte era ouvir esperança. Agora ele vive. A morte não é para sempre. A morte foi vencida. A morte deles também foi vencida. Eles são amparados gentilmente no sofrimento e levados à vida eterna.

Depressão, traição, doença, fracasso são muitas formas de morte. Muitos perdem o nome, o casamento, a família, os amigos, a carreira, a autoestima, a confiança na vida. Para eles e para nós, Jesus diz: "O medo é inútil. Estou aqui. Eu também morri. Agora estou vivo para sempre".

Ver

Terceiro, Jesus nos convida a olhar para cima e ver aquele que nos diz: "Eu sou". Precisamos parar de olhar para nós mesmos – os rótulos que pomos em nós mesmos, nossa autoanálise, nossos julgamentos – e começar, em vez disso, a olhar para aquele que diz: eu sou o Primeiro. Eu sou o Último. Eu sou o Alfa. Eu sou o Ômega. Eu sou Para Sempre. Há alguma coisa maior que sua doença. Eu tenho algo maior a realizar em sua vida, e doença ou desastre não me impedirão de fazer de você alguma coisa linda e significativa.

Na verdade, os únicos rótulos que tenho permissão para pôr em mim mesmo ou nos outros, até na Igreja, são os de Deus. Vejo-me com precisão somente quando vejo a mim ou aos outros através dos olhos de Deus.

É importante mover-se além de um vago conceito de Deus para um entendimento mais concreto de Deus-conosco na pessoa de Jesus Cristo. Exatamente como a Igreja era no século I, nós também somos agarrados pela mão potente do Jesus Ressuscitado que caminha em nosso meio como conquistador da morte.

Analisar

- Nem todos os sonhos são mensagens de Deus; alguns são apenas sonhos ou pesadelos. Entretanto, alguns sonhos são indicações claras de mudanças importantes em nossa vida. Você já teve um sonho significativo? Recorda alguns detalhes? Já rezou com essa imagem ou pode fazê-lo agora? Os sonhos já foram momentos de autodescoberta? De que maneira?

- Um relacionamento rompido, um mal-entendido, uma traição pessoal, um desastre ou um distúrbio emocional já afetaram a imagem que você faz de si mesmo? De que maneira? Você identifica autoconceitos que talvez estejam bloqueando sua alegria ou retardando seu crescimento? Se os identifica, de que maneira eles são morte para você? O que aconteceria se você "os empurrasse porta afora?

- Você poderia praticar o prodígio contemplativo? O que aconteceria se você tomasse consciência de seus julgamentos e análises e paulatinamente os descartasse à medida que surgissem? Tente ficar presente para o agora, recebendo cada alento, cada momento, desfrutando-o enquanto o tem e soltando-o. Que diferença essa prática faz em sua atitude?

- Houve um tempo em que Deus agia em sua vida e isso o fazia chorar? Como era? Suas lágrimas foram enxugadas? Transformadas? Quais eram as circunstâncias dessa bondade da parte de Deus?

- Em uma escala de um a dez, quanto você controla de sua vida, da vida dos outros? Como você exerce esse controle de si mesmo, das situações, dos outros? Que benefícios você recebe por manter as coisas sob controle? O que aconteceria se você desistisse? Qual seria a pior coisa que aconteceria, se você o fizesse? Quais as possíveis consequências positivas no caso de desistir?

- Em que área de sua vida Deus poderia estar pedindo-lhe para desistir do controle? Como isso o faz se sentir? Qual é sua primeira reação? Por quê? O que seria necessário para você poder adorar a Deus, que está fazendo de sua vida algo novo?

Escutar

Quando tiver um tempo prolongado para ir ao fundo do seu coração, imagine-se com João em Patmos ou em algum outro lugar tranquilo onde possa encontrar-se com Deus – um ponto isolado e favorito na natureza, um local de férias, um local sagrado em uma igreja ou em um mosteiro. Imagine que Jesus vem até você. Anjos o cercam com cânticos e curvam-se aos pés dele, cobrindo o rosto. Arrisque-se a também se curvar. Sinta o que é curvar-se diante dele, permanecer a seus pés em adoração e confiança. Diga a Jesus o que você está sentindo. "Jesus, isto é tão..." Ou "Jesus, sinto-me como...". Quando terminar, levante-se, olhe-o nos olhos e espere que ele lhe fale.

Descansar

Descansar com as passagens da Escritura a seguir aprofunda sua cura. Para preparar o coração no intuito de descansar, onde a cura profunda realmente acontece, repita a experiência da oração de escutar, antes de utilizar uma das passagens bíblicas. Depois, escolha uma passagem e imagine-se na cena que ela descreve. A cada vez conte a Jesus o que vê e o que sente e espere que ele lhe diga alguma coisa.

Sonhos

Gênesis 28,10-22
Mateus 1,18-25

Dois famosos sonhadores na Escritura, Jacó (no Antigo Testamento) e José (no Novo Testamento). Jacó e José viram-se enredados em uma confusão que poderia ter levado à depressão profunda. Jacó enganou o pai e roubou a primogenitura do irmão. Agora sozinho, fugiu do irmão, deixando a família e a terra natal, e Deus lhe enviou um sonho que lhe assegurava o futuro (cf. Gn 28,10-22). José era noivo de Maria e, de repente, descobriu que ela ia ter um bebê. A lei dizia que ela deveria ser apedrejada. Ele a amava e não queria vê-la executada. Estava preso entre o amor a Deus e o amor por sua futura esposa. Deus interveio certa noite em um sonho e explicou-lhe o novo rumo que sua vida devia tomar (cf. Mt 1,18-25).

O sonho de Jacó:

> Estou contigo e te guardarei aonde quer que vás, e te reconduzirei a esta terra. Nunca te abandonarei até cumprir o que te prometi (Gn 28,15).

O sonho de José:

> Apareceu-lhe em sonho um anjo do Senhor, que lhe disse: "José, filho de Davi, não tenhas receio de receber Maria, tua esposa; o que nela foi gerado vem do Espírito Santo. Ela dará à luz um filho, e tu lhe porás o nome de Jesus, pois ele vai salvar o seu povo dos seus pecados" (Mt 1,20-21).

Controle

Gn 12,1-9

Êxodo 3,7-10

Abraão e Moisés tiveram a vida interrompida. Abraão acumulou uma fortuna e se instalara confortavelmente para o resto da vida (cf. Gn 12,1-9). Moisés tentou assumir o controle do destino de seu povo assassinando um de seus opressores e, depois, fugiu para o deserto, a fim de escapar à pena de morte (cf. Ex 2,11–3,10). A esses dois homens Deus disse: "Vou fazer algo novo no mundo e adivinhem quem vai me ajudar!".

Abraão:

> O Senhor disse a Abrão: "Sai de tua terra, do meio de teus parentes, da casa de teu pai, e vai para a terra que eu te vou mostrar. Farei de ti uma grande nação e te abençoarei: engrandecerei o teu nome, de modo que ele se torne uma bênção. Abençoarei os que te abençoarem e amaldiçoarei os que te amaldiçoarem. Em ti serão abençoadas todas as famílias da terra" (Gn 12,1-3).

Moisés:

> "E agora, vai! Eu te envio ao faraó para que faças sair o meu povo, os israelitas, do Egito" (Ex 3,10).

Adorar, escutar, ver

João 8,2-11

João 20,11-18

Os que entravam em contato com Jesus quase sempre tinham a vida desintegrada. A chamada "mulher apanhada em adultério" é trazida diante de Jesus com uma acusação humilhante. Os rótulos aplicados a ela se desvanecem na presença do Amor Encarnado. Ela tem de começar a conhecer a si mesma de um jeito novo. Tem de olhar nos olhos de Jesus, que a desafia a se tornar quem ela é aos olhos dele (cf. Jo 8,2-11). Maria Madalena, no jardim depois da ressurreição, ao ver o túmulo vazio, é outra mulher que enfrenta a mais aterradora experiência de renunciar ao controle. Não só tem de renunciar a qualquer esperança de proteger do perigo quem ela ama, mas também vê a esperança das promessas do Messias desintegrar-se à sua volta. O grupo de discípulos que fora intimamente ligado, quando seguia o Mestre, agora se foi. Ela não tem nenhum controle sobre o futuro da própria vida. Parece que tudo acabou (cf. Jo 20,11-18).

A mulher apanhada em adultério:

> Ele [Jesus] levantou-se e disse: "Mulher, onde estão eles? Ninguém te condenou?" Ela respondeu: "Ninguém, Senhor!" Jesus, então, lhe disse: "Eu também não te condeno. Vai, e de agora em diante, não peques mais" (Jo 8,10-11).

Maria no jardim da ressurreição:

> Maria tinha ficado perto do túmulo, do lado de fora, chorando. Enquanto chorava, inclinou-se para olhar dentro do túmulo. Ela enxergou dois anjos, vestidos de branco, sentados onde tinha sido posto o corpo de Jesus [...] Os anjos perguntaram: "Mulher, por que choras". Ela respondeu: "Levaram o meu Senhor e não sei onde o colocaram" (Jo 20,11-13).

Cura interior

Antes de começar esta seção talvez você deseje rezar com a contemplação de imagens mentais guiadas encontradas na página 19.

A certa altura da vida, quase todo mundo luta com problemas insuperáveis que podem levar ao desânimo, à frustração e mesmo à depressão. Seja como for que essas situações apareçam, dúvidas, julgamentos e ódio de si mesmo muitas vezes tornam-se parte integrante da vida. Em sua maioria, os julgamentos que fazemos a nosso respeito e a respeito dos outros estão enraizados em palavras e experiências de nossa infância. Nossos pais, avós, mestres e outros adultos importantes desempenham um grande papel na formação das ideias que temos a nosso próprio respeito e na maneira como pensamos que o mundo "deveria ser". Algumas de nossas crenças originam-se de declarações que ouvimos, tais como: "Você sempre atrapalha" ou "Você nunca conseguirá ser nada". Às vezes, as ideias surgem com base na maneira como interpretamos os acontecimentos da perspectiva de uma criança. Por exemplo, se os adultos estavam tão ocupados trabalhando, a ponto de nunca ter tempo para nós, apesar do fato de nos amarem, podemos ter concluído que "não sou importante". Se ninguém parava para escutar o que tínhamos a dizer, talvez acreditemos que "minha opinião ou minha voz não conta". Se crescemos em um ambiente disfuncional, é bem possível que a mensagem que recebemos fosse: "Não converse, não confie, não sinta".

Chamo essas ideias de "comitê". Algumas delas são proveitosas e nos levam a ser cautelosos, a aprender com erros passados, a fugir do perigo e a nos proteger. Algumas, porém, são ideias negativas nas quais acreditamos a vida toda e precisam ser reavaliadas e reestruturadas a fim de ficarem mais de acordo com a verdade. Enquanto reestruturamos nossas ideias, é de grande auxílio partilhar com alguém digno de confiança e que nos ajude a examinar as declarações que se originam do "comitê".

Quando você está abalado ou desanimado, quais são algumas das declarações que faz para si mesmo? Faça uma lista delas. Em seguida, escreva ao lado de cada uma quando foi que começou a pensar assim a respeito de si mesmo, de quem vêm essas ideias ou que situação o levou a pensar assim. Como você pode reestruturar essa declaração para deixá-la mais de acordo com a verdade? Escreva a declaração reestruturada. Por exemplo, a ideia "Tudo que faço é errado" pode ser reestruturada como: "Às vezes, cometo erros, mas muitas vezes o que faço dá certo". Trabalhe com uma ou duas declarações por vez, talvez começando com as que você repete com mais frequência. Quando se pegar pensando uma dessas declarações, PARE! e substitua-a imediatamente por uma declaração nova, mais positiva.

Tudo começa com as ideias que acreditamos a nosso respeito. Essas ideias moldam nossos sentimentos, e os sentimentos influenciam a maneira como agimos ou reagimos a situações. Para mudar ou curar nossa vida, precisamos começar a rever algumas de nossas crenças a nosso respeito e a respeito de como as coisas "deveriam" ser.

Capítulo 2

Ver de um jeito novo
"Queres ficar curado?"

Imaginar vividamente

O dia tinha sido longo. Eu estava excessivamente ansiosa. A escuridão e a negatividade grudavam em tudo que eu tocava. A irritabilidade infiltrava-se pelas bordas de minhas conversas. Estava cansada e sabia que aquela noite não conseguiria dormir. Como sofro de epilepsia, assim como muitas outras pessoas no mundo de hoje, conto com estes perpétuos companheiros: depressão, ansiedade, irritabilidade, insônia. Vulnerabilidades psicológicas como essas moldam nossos padrões de pensamento e nossas expectativas e, por sua vez, esses pensamentos negativos criam o mundo escuro que às vezes acreditamos existir à nossa volta. Nosso mundo é criado principalmente pelo que está dentro de nossa cabeça. O que vemos é determinado pelo que acreditamos.

Quando as circunstâncias de nossa vida são sombrias, é fácil deixar nosso julgamento degenerar em fragmentação. O resultado é a desaprovação, ataques moralizadores a outras pessoas ou ideias, opiniões ou acontecimentos, negatividade, ansiedade, agitação e a crença de que o medo, não o amor, é a força que impele o universo. É preciso "força muscular" para ser responsável por nosso julgamento, ter pensamentos de integridade, solicitude e cura. Por exemplo, é fácil para mim ver problemas, ouvir vozes que se queixam de coisas que faço, perceber quem não está contente comigo. É isso que noto no mundo que me cerca, porque é assim que penso a meu respeito. Quando começo a mudar a maneira de pensar, entregando-me a pensamentos de apreço e beleza, bondade e paz, de repente começo a notar que os outros me apreciam e que os queixosos estridentes são, na verdade, muito poucos. Descubro que não tinha todas as informações – e, em geral, faltam-me as mais importantes para avaliar corretamente uma pessoa ou situação. Quando descubro a verdade, sinto-me mal por ter julgado a mim mesma ou outra pessoa severamente com rancor no coração.

Julgamento fragmentado, depreciativo ou negativo nos desumaniza e diminui o valor dos outros a nossos olhos. Cria divisão, ao passo que, na realidade, como filhos e filhas de Deus, somos um só.

Todos nós já estivemos em reuniões onde o grupo depreciou o projeto ou a respeitabilidade de alguém, o histórico ou a decisão de um líder, ou o propósito e a história do grupo. Quando faço parte desse tipo de situação, mesmo apenas como ouvinte involuntária que partilha espaço com corações negativos, começo a me fechar. As acusações afiadas parecem fazer sentido quando são apresentadas, mas começo a sentir como se não conseguisse respirar. Todo futuro auspicioso é desestimulado à medida que o grupo fica cada vez mais desmoralizado. O Espírito não faz parte dessa conversa. Essas declarações destrutivas, distorcidas, revelam o mundo interior das pessoas e também criam seu ambiente exterior. Elas tornam novas possibilidades inacessíveis.

Sempre podemos preferir ver o mundo de modo diferente. Em tempos sombrios, é imprescindível prestar atenção em como olhamos para o mundo e para nós mesmos. Quando preferimos a paz de espírito, nossas percepções mudam. Quando o julgamento cessa, ocorre a cura. Quando rasgamos os textos que escrevemos sobre como cremos que nós ou os outros deveriam ser, falar ou agir, tornamo-nos amorosos e generosos. Escolhemos ver nosso presente abalado de outra maneira. A mudança saudável começa a acontecer quando nos enternecemos e suavizamos sob o calor da graça divina. Significa desistir do sentimento de direito de posse ao que eu "mereço" ou "tenho direito", a fim de viver um apreço desinteressado pela verdade, bondade e beleza que descubro à minha volta. A cura acontece somente se há certa simplicidade sobre como procuro viver, relacionar-me e trabalhar.

Contemplação

"Queres ficar curado?" (Jo 5,6).

Nos Evangelhos, Jesus muitas vezes faz perguntas aparentemente desnecessárias. Ele pergunta a um cego: "Queres ver?". Pergunta a um leproso: "Que queres que eu faça por ti?". Pergunta a um homem enfermo havia trinta e oito anos e que estava deitado ao lado da piscina: "Queres ficar bom?". Que resposta Jesus esperava?

O quinto capítulo do Evangelho de João relata a cura por Jesus de um homem que estivera muito tempo enfermo. Ele caminha até um grupo de pessoas que aguardam a cura ao lado de uma piscina em Bezata, concentra a atenção em um indivíduo e lhe pergunta: "Queres ficar curado?".

Poderíamos imaginar que o homem dissesse imediatamente: SIM! Mas, em vez disso, ele relaciona as razões pelas quais não pode ser curado. Seu sistema de coordenadas reduz-se às águas curativas de Bezata, aonde ele veio na esperança de encontrar cura.

Em vez de cura, o homem encontra apenas um grupo de pessoas que não consegue ajudá-lo a entrar na água fortificante. Jesus não presta atenção a nenhum desses detalhes. Simplesmente diz: "Agora, levante-se. Daqui você vai para casa como um novo homem".

Pelas palavras do homem que atraiu o olhar de Jesus em Bezata, parece que ali era cada um por si. O Evangelho diz que o homem ali estava havia trinta e oito anos (apenas doze anos menos que meio século)! É de se presumir que outros haviam chegado à água antes dele, foram curados e saíram para uma vida nova. Não há menção de alguém que ficasse para trás, a fim de ajudar outras pessoas. Na verdade, o homem doente afirma: "Senhor, não tenho ninguém que me leve à piscina, quando a água se movimenta. Quando estou chegando, outro entra na minha frente". Seus padrões de pensamento e expectativas impedem-no de ver as possibilidades de um tipo diferente de cura oferecido pelo homem (por Deus) que está bem na sua frente e lhe pergunta: posso curá-lo? Você me permite? Ele não imagina que Jesus podia operar fora das possibilidades que ele conhecia.

Jesus lhe diz simplesmente: "levanta-te, pega a tua maca e anda" (Jo 5,8). Jesus nos mostra que algo além de nossa imaginação mais ardente pode expandir nosso mundo e nos mudar completamente.

Aqueles de nós que sofremos de depressão, se temos a mente muitas vezes caótica ou cansada da luta de nos manter equilibrados, também temos, como o homem perto da piscina, uma visão do mundo que se tornou pequena demais. A tentativa de apenas sobreviver contrai nosso universo pessoal em um tamanho "seguro". Nossos padrões de pensamento ficam presos em rotinas excessivamente controladas. Perdemos flexibilidade em favor do mecanismo de luta/fuga/congelamento que leva à vigilância excessiva e à paralisação.

Se Jesus viesse até nós e dissesse: "Queres ficar curado?", poderíamos também relatar a história de nossa vida e mostrar-lhe o que não funciona. Há alguns anos, quando comecei a me reunir com o Padre Dave, meu orientador espiritual, ele me fez uma pergunta e comecei a lhe relatar uma análise psicológica da razão de eu fazer isso, sentir aquilo ou não superar alguma outra coisa. Depois de certo tempo, ele disse: "Sinto que Jesus quer curá-la e não vai precisar conhecer sua análise terapêutica. Assim, vamos parar com tudo isso e começar a olhar para o que Jesus está fazendo". Levei algum tempo para mudar da autoanálise para a observação contemplativa. Eu precisava aprender a ver Jesus de pé bem na minha frente, dizendo com amor e doçura: "Levanta-te. Está curada".

Reencontrar a esperança exige que inundemos nossa mente e nosso espírito com uma luz transcendente, que vejamos as coisas como elas são verdadeiramente, banhadas no afável amor e cuidado divinos. Significa pensar de modo diferente, procurando unidade, não fragmentação, apreço, não queixa, simplicidade, não direito de posse, esperança, não desespero. O que pensamos cria o mundo à nossa volta.

Analisar

- A depressão ou outra vulnerabilidade psicológica faz parte de sua vida cotidiana? Você vive em circunstâncias dolorosas que não antecipara? Que efeito isso tem em seus padrões de pensamento? No caminho você vê outros acontecimentos?

- Já sentiu que seu mundo é criado principalmente pelo que está dentro de sua cabeça? O que aprendeu com essa experiência?
- Você se sente muitas vezes desapontado por outros que não estão à altura de suas expectativas, não são o que você quer que eles sejam? Quem ou o que você quer que seja diferente do que é? O que aconteceria se você parasse de escrever roteiros sobre essas coisas e as aceitasse como elas são? Como isso alteraria a forma como olha para sua vida?
- Que mudanças poderiam acontecer em sua vida, se você se concentrasse em cultivar pensamentos de amor e perdão? Suas maneiras e seu comportamento põem um sorriso no rosto de todos que você encontra?
- Você está deprimido com a vida por causa de queixas ou culpas? Como poderia estender os braços para ajudar os outros? A quem você daria o coração? Quando você se dedica aos outros ou a uma causa, as queixas e a culpa desaparecem.
- Seus padrões de pensamento e suas expectativas o impedem de ver a possibilidade de alguma coisa diferente? Neste momento há alguém ou alguma coisa em sua vida que lhe oferece nova direção? O que o impede de aceitar?
- Você procura ter pensamentos de amor, cura e paz? Que diferença isso faz em sua atitude? Em sua vida?
- Como você saberia se Jesus estivesse se dirigindo a você hoje, desejando oferecer-lhe novas possibilidades de crescimento espiritual e cura pessoal?

Escutar

Fique de pé ao lado do homem enfermo na piscina de Bezata. Imagine-se doente no meio da multidão, ansiando pela cura. Dedique um momento a olhar em volta. Quem mais está ali? O que você ouve? Qual é sua história? Por que você está ali? Que cura você deseja ardentemente? Escute a conversa entre o enfermo e Jesus. Quando o enfermo ficar de pé, pegar a maca e sair, procure chamar a atenção de Jesus. Ao olhar para você, ele lhe perguntará: "O que você deseja?". Fale a Jesus e espere que ele lhe responda.

Descansar

Descansar com estas passagens da Escritura aprofunda sua cura. A fim de se preparar para descansar profundamente no coração, onde a cura acontece realmente, repita a experiência da oração de escutar antes de utilizar uma das passagens bíblicas a seguir, ou imagine-se na cena descrita na passagem. A cada vez, conte a Jesus o que vê e o que sente e espere que ele lhe diga alguma coisa.

Novas possibilidades de vida

Jeremias 1,4-10

Lucas 1,5-25

Jesus muitas vezes pergunta às pessoas: "O que você deseja?" ou "Quer ser curado?". Mas, com a mesma frequência, ele vem até alguém que tem um plano próprio para sua vida, sonhos para o futuro. Na vocação de Jeremias (cf. Jr 1,4-10) e no anúncio de que a esposa de Zacarias daria à luz um filho notável que se deveria chamar João (cf. Lc 1,5-25), o desejo e o sonho são de Deus. A vocação que ele dá a esses dois homens – a vocação de ser profeta e pai – está intimamente ligada à missão. É por amor aos outros. Em face do sonho de Deus, temos reações diferentes: tenho medo. Sou jovem demais. Como isso vai acontecer? Isso não faz sentido. Tem certeza? Você me enganou. Quando o humano encontra o divino, lutamos dentro do mistério de uma coisa muito maior do que jamais poderíamos imaginar sozinhos. É porque somos destinados a existir para os outros, para viver no drama da vida no meio dos outros e com eles. A desculpa de Jeremias:

> "Antes de formar-te no seio de tua mãe, eu já contava contigo. Antes de saíres do ventre, eu te consagrei e fiz de ti profeta entre as nações." Eu respondi: "Ah! Senhor Deus, não sei falar, sou uma criança". O Senhor respondeu-me: "Não me digas: 'Sou uma criança', pois a todos quantos eu te enviar, irás e tudo que eu te mandar dizer, dirás. Não tenhas medo deles, pois estou contigo para defender-te" – oráculo do Senhor (Jr 1,5-8).

A visão de Zacarias:

> Apareceu-lhe, então, o anjo do Senhor, de pé à direita do altar do incenso. Quando Zacarias o viu, ficou perturbado e cheio de medo. O anjo lhe disse: "Não tenhas medo, Zacarias, porque o Senhor ouviu o teu pedido. Isabel, tua esposa, vai te dar um filho, e tu lhe porás o nome de João. Ficarás alegre e feliz, e muitos se alegrarão com seu nascimento [...] Ele fará voltar muitos dos filhos de Israel ao Senhor, seu Deus (Lc 1,11-16).

Nossos pensamentos limitam nosso mundo

João 3,1-21

Mateus 6,7-13

Alguns dos líderes religiosos no Evangelho de João abordam o "problema" da popularidade de Jesus com uma solução simples: Jesus tem de provar, para a satisfação deles, que é quem diz ser. Eles se fazem de juízes do Redentor, juízes do Juiz do mundo. Suas tradições, seu entendimento, suas ideias pessoais são a medida com as quais medem Deus. E Deus não se encaixa. O relato da conversa de Nicodemos com Jesus é esclarecedor. Ele diz a Jesus: "Bem, estou convencido que és um mestre vindo de Deus". Jesus não diz: "Obrigado por teu voto de confiança". Diz ao bem-intencionado fariseu: "Tua sábia avaliação na verdade nada te diz sobre mim. Precisas te tornares criança. De fato, precisas nascer de novo". Ora, isso não combina com o vocabulário de Nicodemos nem, em absoluto, se adapta a seus planos. De fato, ele não entende o que Jesus quer dizer. E não poderia, enquanto não deixasse desaparecer tudo que aprendeu, pensou e concluiu para ser instruído de outra forma. Precisa tornar-se criança (cf. Jo 3,1-21). Com efeito, Jesus não pede uma coisa que ele próprio não tenha feito. Também ele tornou-se "criança", nascido de mulher como nós, e a vida toda permaneceu filho de seu Pai com confiança, obediência e amor. É nessa infância que Jesus nos convida a entrar com a oração que ele nos ensinou (cf. Mt 6,7-13).

Nicodemos:

> Jesus respondeu: "Em verdade, em verdade, te digo: se alguém não nascer do alto, não poderá ver o Reino de Deus!" Nicodemos perguntou: "Como pode alguém nascer, se já é velho? Ele poderá entrar uma segunda vez no ventre de sua mãe para nascer?" Jesus respondeu: "Em verdade, em verdade, te digo: se alguém não nascer da água e do Espírito, não poderá entrar no Reino de Deus! O que nasceu da carne é carne, o que nasceu do Espírito é espírito. Não te admires do que eu te disse. É necessário para vós nascer do alto [...] Nicodemos, então, perguntou: "Como pode isso acontecer?" Jesus respondeu: "Tu és o mestre de Israel e não conheces estas coisas?" (Jo 3,3-10).

Jesus:

> O vosso Pai sabe do que precisais, antes de vós o pedirdes. Vós, portanto, orai assim: Pai nosso que estás nos céus, santificado seja o teu nome; venha o teu Reino... (Mt 6,8-10).

Pensamentos que curam

1 Coríntios 13,1-13

Colossenses 3,12-17

Sei o momento exato em que meu mundo mental hermético, ansioso, egoísta foi destruído. Posso relatar a conversa e relacionar com quem eu estava. Foi um momento de liberdade. Finalmente, eu podia ultrapassar minha ideia de certeza, minha visão da realidade, ver as coisas de outra perspectiva. Naquele momento ficou perfeitamente claro o que Paulo pretendia, quando disse que, por mais brilhante, talentoso e filantropo que ele fosse, se não tivesse amor, ele não seria nada. O amor nos transforma – não apenas uma atitude básica bondosa, mas a virtude que, primeiro, nos põe em nosso lugar humilde em relação uns aos outros (cf. 1Cor 13,1-13) e, segundo, leva-nos a sacrificar-nos pelos outros porque nós mesmos fomos amados dessa maneira (cf. Cl 3,12-17).

> Se eu falasse as línguas dos homens e as dos anjos, mas não tivesse amor, eu seria como um bronze que soa ou um címbalo que retine. Se eu tivesse o dom da profecia, se conhecesse todos os mistérios e toda a ciência, se tivesse toda a fé, a ponto de remover montanhas, mas não tivesse amor, eu nada seria. Se eu gastasse todos os meus bens no sustento dos pobres e até me entregasse como escravo, para me gloriar, mas não tivesse amor, de nada me aproveitaria [...] Atualmente permanecem estas três: a fé, a esperança, o amor. Mas a maior delas é o amor (1Cor 13,1-3.13).

Portanto, como eleitos de Deus, santos e amados, vesti-vos com sentimentos de compaixão, com bondade, humildade, mansidão, paciência, suportai-vos uns aos outros e, se um tiver motivo de queixa contra o outro, perdoai-vos mutuamente. Como o Senhor vos perdoou, fazei assim também vós (Cl 3,12-13).

Cura interior

Antes de começar esta seção, talvez você deseje rezar com a contemplação de imagens mentais que se acha na página 19.

No livro *Mensagens ocultas na água* (São Paulo: Cultrix, 2006), Masaru Emoto, cientista japonês e pensador original, mostra que os cristais de água são afetados pela poluição e a energia vibracional da música e até das palavras. Ao fotografar cristais de água que foram expostos à poluição, a vários tipos de música e palavras de amor e paz ou, alternadamente, raiva e ódio, ele observou que a água absorve energia e essa energia reflete-se nos cristais, quando congelados. Os cristais mais belos e diferentes formam-se quando expostos à energia de palavras carinhosas e tranquilas. Palavras de raiva e ódio produzem cristais deformados e imperfeitos.

Seja qual for a explicação científica da pesquisa de Emoto, intuitivamente sempre soubemos disso: quando estamos em uma atmosfera tensa e cheia de palavras e atitudes raivosas, somos afetados não só emocionalmente, mas também fisicamente. Isso explica em parte por que as vozes do "comitê" nos põem para baixo até fisicamente. Quando somos alimentados com uma atmosfera carinhosa, com declarações positivas, todo o nosso ser se beneficia. Absorvemos a energia positiva e nos sentimos mais alegres e em paz com quem somos.

A oração é uma situação em que nos podemos mergulhar em amor e paz, para o bem de todo o nosso ser. Escolha uma frase breve da Escritura ou uma declaração que faça sentido para você, e imagine que Deus lhe diz essas palavras ou que você as diz para Deus. Receba esse poder e durante o dia repita-o tantas vezes quantas puder. Talvez você queira rezar o terço e em cada conta repetir essas maravilhosas declarações. O mais importante é que alimentemos nossa mente e nosso coração com a lembrança de como somos amados incondicionalmente por Deus. Eis algumas frases da Escritura (lista de modo algum completa). Talvez você ache proveitoso escrever suas frases preferidas em um diário.

"Pois és muito precioso para mim, e mesmo que seja alto o teu preço, é a ti que eu quero!" (Is 43,4). Pode ser adaptado para: "Sou precioso aos olhos de Deus e Deus me ama".

"Não tenhas medo, somente crê" (Mc 5,36).

"Tende coragem! Eu venci o mundo" (Jo 16,33). Adaptado: "Tenham coragem! Jesus Cristo venceu o mundo!"

"Tu és o meu filho amado; em ti está meu pleno agrado" (Lc 32). Adaptado: "Sou o filho amado de Deus. Em mim está o pleno agrado de Deus".

"Tudo posso naquele que me dá força" (Fl 4,13).

Capítulo 3

Apele aos recursos de Deus
"Sacia as entranhas com este rolo"

Imaginar vividamente

Palavras... imagens... gestos... Comunicamo-nos uns com os outros empregando os três. Deus também se comunica conosco dessa maneira, inspirando nossa mente, persuadindo nossa vontade, inflamando nosso coração. Entretanto, muitas vezes a maneira mais convincente de Deus se comunicar conosco é por imagens. Talvez Deus e nós empreguemos imagens porque quase sempre as imagens transmitem mais que conceitos. Elas escavam sob pensamentos, racionalizações, explicações e lógica e chegam ao coração do ouvinte. Revelam emoção e evocam resposta.

Uma imagem com a qual eu rezava outrora era estar à beira d'água. Minha "casa voadora" do Capítulo 1 finalmente aterrissava e eu me via à beira d'água, imagem que eu procurava examinar com Deus. Depois de fazer uma busca rápida, encontrei dois lugares na Bíblia onde aparece "à beira d'água". O primeiro aparecimento é no livro de Isaías, capítulo 44. O versículo 4 diz: "E eles crescerão como mato à beira d'água, como salgueiros ao longo dos córregos".

No capítulo anterior, o profeta Isaías relata as promessas divinas e também sua dor. Deus promete o milagre de um novo êxodo para o povo israelita que está exilado na Babilônia. Era quase como se Deus dissesse: "Lembras de ouvir falar do êxodo do Egito quando conduzi teus pais para a segurança através do mar Vermelho? Aquilo não foi nada comparado à maneira como te livrarei de teu exílio e te levarei de volta a Sião".

O texto, então, muda abruptamente e Deus expressa sua dor pela ingratidão de Israel: "Deixaste de me invocar, não mais me ofereceste sacrifícios, ficaste cansado de mim".

As palavras divinas seguintes são as mais belas: "E agora escuta". Note que a palavra usada aqui é "e", não "mas". Tu me trataste mal e agora vou fazer uma coisa maravilhosa para ti. Este "e" expressa um amor mais maravilhoso que o amor de um pai ou um cônjuge poderia ser: um amor que não envergonha. Deus não diz: "Foste ingrato, mas ainda assim vou ser fiel. Vês como sou bom?". Não. É como se Deus dissesse: "Fostes negligentes em vossos deveres religiosos para comigo. E agora escutai porque vou fazer para vós uma coisa mais maravilhosa que jamais poderíeis imaginar. Vou derramar água no solo sedento de vossas almas e criar córregos que fluirão pelo solo árido de vossas vidas. Vou derramar meu espírito em vós. E então brotareis como relva à beira d'água. Farei com que seja impossível para vós não cultuar, amar, conhecer e obedecer, porque meu Espírito estará em vós".

Quando estamos desesperados é fácil atravessar de um lado para outro a linha que separa pedir de exigir, amar de controlar. Entretanto, por intermédio de Isaías, Deus diz aos israelitas que nos fará uma dádiva que nem sequer pensamos em pedir. Deus nos fará brotar como a relva à beira d'água:

fresca, limpa, alegre, nova, procurando o sol, despreocupada, agitada pelo vento. Deus faz por nós o que não podemos fazer por nós mesmos porque Deus nos ama muito. "E agora escutai o que farei por vós."

Contemplação

"Sacia as entranhas com este rolo" (Ez 3,3).

Ezequiel foi profeta do exílio. É muito provável que ele estivesse entre os líderes de Jerusalém deportados com a família real em 597 a.C., quando os babilônios saquearam parcialmente o templo. Desorientados e humilhados, os exilados começaram vida nova. Alguns se instalaram em Tel-Abib (cf. Ez 3,15). Para esses exilados de elite, acostumados ao luxo e à riqueza, essa deve ter sido uma experiência amarga e desorientadora. Depois de novo levante, em 586, dos judeus que tinham ficado em Jerusalém, o templo de Jerusalém foi incendiado e arrasado. Em sua maioria, o povo que ficara na cidade foi deportado.

Ezequiel recebera sua vocação profética em 593, em meio ao que parecia ser a destruição final do povo escolhido, sua rejeição irreversível pelo Senhor. Com a destruição do templo, o lugar onde o Senhor se fizera presente já não atraía o coração de Deus, que chamara o pai deles, Abraão, da terra dos caldeus, tirara-os do Egito sob a liderança de Moisés, lhes consolidara a posse da terra escolhida pela proeza militar do rei Davi e viera a habitar em sua glória o templo que Salomão construíra. Agora o templo já não existia e os israelitas finalmente entendiam as palavras dos profetas que os haviam advertido durante séculos para que voltassem ao Senhor e deixassem os modos idólatras e as práticas injustas. Mas eles acordaram tarde demais. Agora, será que o Senhor algum dia se compadeceria? Perdoaria? Por amor a Abraão, Jacó, Moisés, Davi e Salomão, ele os reinstalaria como seu povo na terra que prometera a seus pais? Ou a sua gloriosa herança se perderia à medida que eles eram assimilados na cultura babilônia? Eles se sentiam tentados a desistir da esperança. Mas Ezequiel assumiu o papel profético de falar palavras de verdade e esperança para eles.

Quando o Senhor chamou Ezequiel deu-lhe um rolo coberto pelas palavras do Senhor e lhe disse para tomá-lo e comê-lo. Ezequiel comeu o rolo; um símbolo do profeta que se alimentava com as palavras do Senhor. Essas palavras tornaram-se parte dele e Ezequiel se transformou. Essas palavras deram-lhe a possibilidade de ver o que o Senhor ia fazer por seu povo. Para um povo praticamente morto, o Senhor ia abrir-lhes as sepulturas e insuflar-lhes seu Espírito para que eles vivessem.

Quando nos alimentamos com a Palavra de Deus, gradativamente vemos um futuro imerecido e inesperado: vida nova, coração novo, novo futuro, novo relacionamento com Deus. A Palavra do Senhor tornou-se parte da existência de Ezequiel e também pode se tornar parte de nossa existência. Quando nos alimentamos regularmente da Palavra de Deus, ficam à nossa disposição opções que não prevíamos.

Onde encontramos as palavras de Deus? O lugar mais óbvio é na Escritura. Em dias cheios de nuvens e ventos tempestuosos que sopram o caos à nossa volta, acreditamos em coisas a nosso respeito que não são verdadeiras. Temos recaídas de mau humor, irritação e desânimo. Sentimo-nos muito "para cima" ou "para baixo" sem nenhuma razão aparente. Sentimo-nos emocionalmente mais frágeis que os outros e chegamos à conclusão de que não somos normais. Se a enfermidade mental ou a depressão faz parte de nossa vida, talvez tenhamos de lutar com ela por longos anos. Colocamos rótulos em nós mesmos até sermos capazes de abordar nossa depressão como "irmã Depressão", como São Francisco que falava da morte como irmã Morte, uma companheira querida na viagem de nossa vida.

Mesmo quando as nuvens passam, talvez ainda tenhamos uma visão desagradável de tudo. Vemos apenas o negativo e acreditamos principalmente em coisas ruins, sem perceber o quanto isso afeta nossa perspectiva da vida, nossos relacionamentos com os outros e nossa disposição para com Deus. Nossos pensamentos baseiam-se não na realidade, mas em concepções erradas. Ezequiel nos ensina que precisamos "comer o rolo", nos alimentarmos da Palavra de Deus, a fim de treinar nossos pensamentos corretamente, ouvir a verdade e ter esperança no futuro. Cada um dos padrões de pensamento desordenado que aprendemos precisa ser confrontado com a verdade de Deus.

Pensamento desordenado: *Deus me abandonou.*
Verdade que Deus me fala:

> Não tenhas medo, que eu estou contigo. Não te assustes, que sou o teu Deus. Eu te dou coragem, sim eu te ajudo. Sim, eu te seguro com minha mão vitoriosa (Is 41,10).

Pensamento desordenado: *Para mim não há esperança.*
A verdade que Deus me fala:

> Se tiveres de atravessar pela água, contigo estarei e a inundação não te vai submergir! Se tiveres de andar sobre o fogo, não te vais queimar, as chamas não te atingirão! Pois eu sou o Senhor, o teu Deus, o Santo de Israel, o teu Forte! (Is 43,2-3).

Pensamento desordenado: *Sou desnecessário, insignificante, indesejável.*

Verdade que Deus me fala:

> Em Cristo, segundo o propósito daquele que opera tudo de acordo com a decisão de sua vontade, fomos feitos seus herdeiros, predestinados a ser, para louvor da sua glória, os primeiros a pôr em Cristo nossa esperança (Ef 1,11-12).

Pensamento desordenado: *Eu me odeio.*

A verdade que Deus me fala:

> Vinde a mim, todos vós que estais cansados e carregados de fardos, e eu vos darei descanso. Tomai sobre vós o meu jugo e sede discípulos meus, porque sou manso e humilde de coração e encontrareis descanso para vós. Pois o meu jugo é suave e o meu fardo é leve (Mt 11,28-30).

O interessante a respeito de Ezequiel, como de vários outros profetas, é que ele não apenas anunciou a mensagem de Deus com palavras. Ele sabia que palavras são ouvidas e, às vezes, até entendidas, mas nem sempre são convincentes o bastante para mudar vidas, mover corações, revelar o futuro. Ezequiel é conhecido por seu uso de imagens ou sinais. Uma imagem famosa que se encontra no livro de Ezequiel é a dos ossos ressequidos. Ele é levado em espírito a uma planície cheia de ossos ressequidos – esqueletos que devem tê-lo lembrado do terror dos dias em que Jerusalém fora saqueada e ele, juntamente com os líderes do povo, fora conduzido pelos portões da cidade, cercado de cadáveres por todos os lados, para nunca mais voltar. O Senhor manda Ezequiel profetizar que Deus trará os ossos mortos à vida, que ele porá neles seu Espírito para que revivam. Ezequiel não prega planos de autoaperfeiçoamento nem estratégias de crescimento.

Ele simplesmente lhes diz o que Deus vai fazer por eles. Embora os israelitas sintam que não há esperança, Deus promete agir em benefício deles. Ao ficar dependentes dos recursos de Deus, eles vão experimentar uma transformação espiritual que os levará de volta a um relacionamento sempre mais próximo com ele.

Também nós talvez precisemos de imagens para compreender as palavras, imagens para nos apropriarmos da mensagem de Deus. Um amigo que é ministro em um *campus* universitário contou-me a história de um retiro que ele deu para estudantes do último ano, combinado com um acampamento no fim de semana. Uma noite, depois do escurecer, os estudantes reuniram-se ao redor de uma fogueira e meu amigo falou sobre a Mãe Santíssima e como ela tinha um relacionamento especial com cada um deles. Pediu-lhes, então, que fechassem os olhos, imaginassem a Mãe Santíssima perto deles e lhe dessem um presente. Depois de algum tempo, cada um dos estudantes revelou o presente que lhe dera. Alguns lhe deram uma flor. Outros lhe deram uma joia preciosa. Um estudante disse que achara difícil pensar em um presente. "O que dar a uma mulher que tem tudo?", disse ele. Assim, depois de pensar um pouco, deu-lhe o terço da avó que ele ganhara quando criança. Depois, os estudantes foram orientados a fechar os olhos outra vez e deixar Maria dar-lhes um presente. Enquanto a fogueira se extinguia e as brasas reluziam, cada um revelou o presente que Maria lhe dera. O jovem que dera a Maria o terço da avó também recebera dela um presente. Ela o pusera em sua mão e a fechara antes de ele ver o que era. Quando abriu a mão, achou um pedaço de carvão. Olhando para Maria, perguntou: "Deste-me um pedaço de carvão?". Ele contou aos colegas que o acompanhavam no retiro que Maria lhe disse: "Sim, meu filho". Ela tomou-lhe da mão o pedaço de carvão, atirou-o para o céu, ele se partiu e se transformou em um chuveiro de diamantes. "Sim. Porque tu és meu diamante!" Uma imagem, um sinal também pode ser um meio pelo qual Deus nos move, nos transforma, nos cura, nos consola.

Analisar

- Você tem imagens com as quais reza frequentemente? Quais são elas? Como elas influenciam a direção de seu pensamento? A maneira como você se vê e aos outros?

- Você concorda que às vezes tratamos Deus como um escravo? Qual é a diferença entre pedir e exigir?

- Quando os dias são difíceis, como você reza? De que modo é difícil ou fácil? Sente uma separação entre Deus e você? É capaz de analisar essa separação agora?

- Já experimentou o poder da Palavra de Deus em sua vida? Existe uma passagem bíblica que significa muito para você em sua jornada? Fez dessa passagem uma unidade de composição em seu relacionamento com Deus? Você tem modos práticos de lembrar a si mesmo dele com frequência?

- Você tem formas negativas de pensar que acabam com sua felicidade? Existe um padrão nelas? Já encontrou uma passagem da Escritura, um cântico, o capítulo de um livro, ou a palavra de um amigo que ajude a falar a verdade para esses pensamentos desordenados?

- É fácil para você rezar com a imaginação? Que imagens têm sido significativas para você na vida, enquanto passa por tempos difíceis?

- Como Deus o move? Consola-o? Transforma-o?

Escutar

Descubra um lugar tranquilo e sagrado para rezar. Diga a Jesus que espera encontrá-lo ali. Peça-lhe para estar presente para você de maneira especial. Ao refletir sobre onde você está na vida, suas experiências passadas, suas esperanças e seus sonhos, suas lutas e seus temores, decida sobre um presente para dar a Jesus. O presente deve ser uma coisa significativa para você e deve se originar do contexto de sua experiência de vida. Imagine-se dando esse presente para Jesus. O que acontece quando você dá esse presente a ele? Ele responde? Ele lhe diz alguma coisa? Depois espere... Espere Jesus lhe dar um presente em retribuição.

Descansar

Descansar com estas passagens da Escritura aprofunda sua cura. A fim de se preparar para descansar profundamente no coração, onde a cura acontece realmente, repita a experiência da oração de escutar antes de utilizar uma das passagens bíblicas, ou imagine-se na cena descrita na passagem. A cada vez, conte a Jesus o que vê e o que sente e espere que ele lhe diga alguma coisa.

Eis que estou eu fazendo coisas novas!

Isaías 43,15-21

Lucas 17,12-14

No início de um retiro, meu diretor não parava de repetir essa frase de Isaías e até deu-a para minha meditação no primeiro dia. Deus diz: "Vou fazer coisas novas: coisas novas com sua vida, coisas novas com sua saúde, coisas novas com sua família, coisas novas com seus sonhos". Na ocasião foi difícil acreditar que coisas novas aconteceriam. Eu estava presa a um padrão de trabalho que se tornara uma segunda natureza. Queria sair, mas parecia que meu corpo arrastava meu espírito para o piloto automático. Para encurtar a história, Deus realmente fez uma coisa inesperada, uma coisa agradavelmente, surpreendentemente nova! (cf. Is 43,15-21). No Evangelho de Lucas, dez leprosos tiveram coragem de esperar alguma coisa nova e gritaram: "Jesus, Mestre, tem compaixão de nós!". Fique atento! Deus quer fazer coisas novas em sua vida (cf. Lc 17,12-14).

Deus:

> Eu sou o Senhor, o vosso Santo, o criador de Israel, vosso rei!... Não deveis ficar lembrando as coisas do começo, nem é preciso ter saudades das coisas do passado. Eis que estou fazendo coisas novas, estão surgindo agora e vós não percebes? (Is 43,15.18-19).

Os dez leprosos:

> Estava para entrar num povoado, quando dez leprosos vieram ao seu encontro. Pararam a certa distância e gritaram: "Jesus, Mestre, tem compaixão de nós!". Ao vê-los, Jesus disse: "Ide apresentar-vos aos sacerdotes". Enquanto estavam a caminho, aconteceu que foram curados (Lc 17,12-14).

Lá do alto [Deus] estendeu a mão e me tomou

Salmo 18,1-19

Lucas 8,22-25

Uma amiga partilhou o Salmo 18 comigo depois que comecei a terapia. Escreveu versículos do Salmo em um cartão e o deu para mim como ato de fé. Desde então é uma de minhas passagens bíblicas favoritas. Está cheio de drama: de seu templo, o Senhor ouve o grito do salmista, a terra treme, ele sobe no querubim e voa nas asas do vento; a voz do Senhor troveja do céu; ele estende a mão lá do alto e agarra o salmista, livrando-o das águas profundas. O drama percorre as páginas da Escritura, quando temos olhos para vê-lo. O relato de Jesus dormindo no barco, enquanto os discípulos freneticamente imaginam o que fazer, é outra passagem dramática (cf. Lc 8,22-25). Os acontecimentos de nossas vidas – os fracassos, os riscos, as depressões, as surpresas – têm a mesma dramaticidade e são igualmente situações onde a Presença divina estende a mão lá do alto para nos agarrar.

A súplica do salmista:

> Na minha angústia invoquei o Senhor, ao meu Deus gritei por socorro; lá do seu templo ele ouviu minha voz, chegou meu grito aos seus ouvidos (Sl 18,7).

Jesus no barco:

> Abateu-se, então, uma ventania tão forte sobre o lago, que o barco ia se enchendo de água e eles corriam perigo. Então se dirigiram a Jesus e o acordaram, dizendo: "Mestre! Mestre! Estamos perecendo!" Ele acordou e deu ordens ao vento e à fúria das águas. E a tempestade parou e veio a calmaria (Lc 8,23-24).

Poderíamos dizer muito mais e ainda assim nos faltarem palavras

Eclesiástico 43,27-31

Efésios 1,3-14

Para recuperarmos a esperança, precisamos de uma expansão da alma. Começamos a olhar para cima, em vez de para baixo. Respiramos para dentro, em vez de para fora. Somos surpreendidos pelo prazer, em vez de exacerbados pela tristeza. Uma alma que se expandiu e ficou maravilhada com a beleza da natureza ou com a maneira assombrosa como Deus manifesta sua presença (cf. Eclo 43,27-30) ou pela percepção profundamente comovedora do que Deus fez por nós em Cristo, não faz nada menos que louvar a Deus que é tudo para ela (cf. Ef 1,3-14).

> O Senhor é terrível e soberanamente grande, e admirável é seu poder (Eclo 43,31).
>
> Bendito seja o Deus e Pai de nosso Senhor Jesus Cristo, que nos abençoou com toda bênção espiritual nos céus, em Cristo. Nele, Deus nos escolheu, antes da fundação do mundo, para sermos santos e íntegros diante dele, no amor (Ef 1,3-4).

Cura interior

Antes de começar esta seção talvez, você deseje rezar com a contemplação de imagens mentais guiadas encontrada na página 19.

A descrição bíblica de Ezequiel comendo o rolo é passagem convincente de como Deus quer nos sustentar, curar, fortalecer. Sabemos que podemos ler passagens bíblicas, memorizá-las, repeti-las e rezar com elas. Às vezes, entretanto, surge a pergunta: "Há mais alguma coisa que eu possa fazer para assimilar profundamente a palavra divina em minha vida, a fim de 'alimentar-me da palavra de Deus'?". Recorrendo ao poder de imagem, cor e imaginação, gostaria de sugerir outro método que achei particularmente proveitoso para integrar a Palavra de Deus e as afirmações que você possa ter formulado para si mesmo nos capítulos anteriores. É um método no qual pomos em prática nosso mais criativo poder do lóbulo direito do cérebro. Esse processo é desenhar mandalas.

Mandala é palavra sânscrita que significa "círculo sagrado" ou "encontrar o próprio centro". As mandalas são usadas na espiritualidade e nos ministérios de cura há milhares de anos. Um exemplo é a grande mística, conselheira e escritora Hildegarda de Bingen (1078-1179), que desenhou mandalas para expressar suas visões e suas crenças a respeito de Deus. Ela é alguém que procurava outros caminhos de música, arte e natureza para "comer as palavras de Deus".

Fazer uma mandala significa simplesmente desenhar um círculo (de qualquer tamanho) e colocar dentro dele as palavras ou frases que queremos integrar, "comer". O simples processo de escrever as palavras e/ou frases que nos tocaram profundamente e escolher cores e desenhos para acompanhá-los ou ilustrá-los é um jeito de assimilar, compreender e digerir as palavras que são significativas para nós. Quanto mais fazemos isso, mais nos assemelhamos às palavras que Deus nos deu e que tocaram nosso coração.

Essas mandalas, que podem ser desenhadas em páginas individuais ou em um caderno sem pauta, servem como meio único e criativo de fazer registros. Se uma mandala nos fala de modo especial, ela pode ser exposta em algum lugar para lembrar o que mantém viva nossa esperança e quem somos chamados a ser.

Eis uma ilustração de como a mandala pode ser:

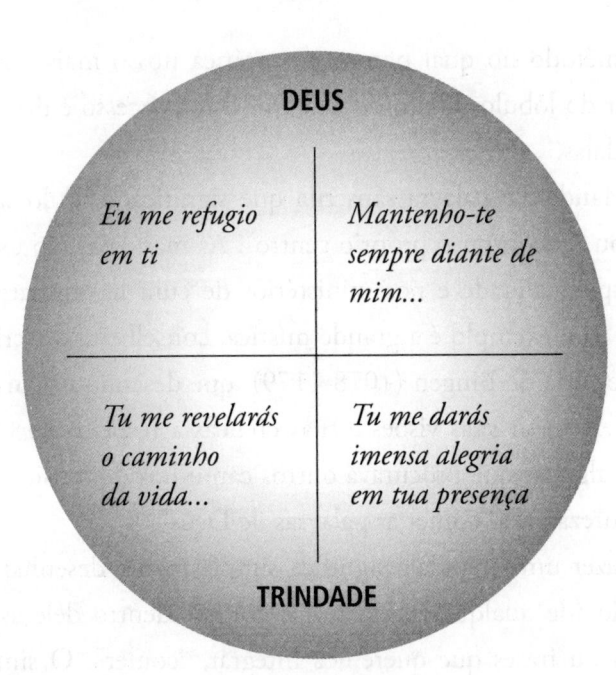

DEUS

Eu me refugio em ti	*Mantenho-te sempre diante de mim...*
Tu me revelarás o caminho da vida...	*Tu me darás imensa alegria em tua presença*

TRINDADE

Capítulo 4

Vitalmente ligado a Cristo
"Meu Pai é o agricultor"

Imaginar vividamente

Tenho uma imagem favorita da criação, de Deus como jardineiro. O relato da criação no Gênesis promove a imagem de um Deus que diz: "Faça-se a luz!" e – *shazam!* – aparece o sol em lugar do céu escurecido. Façam-se árvores. Façam-se lírios. Façam-se tulipas. Façam-se esquilos. Façam-se outros esquilos. Faça-se a grama. Façam-se bolotas para os esquilos comerem. Com algo semelhante a uma varinha mágica, poderíamos imaginar Deus povoando a terra com variedades de plantas e animais.

Entretanto, minha imagem da criação é muito mais simples. Imagino Deus ajoelhado no chão, com uma pequena pá na mão, e atrás dele um carrinho de mão cheio de plantinhas que ele criou. Ele mesmo está tranquilamente cultivando o jardim, procurando o lugar certo para cada uma de suas plantinhas. Sabe que cada uma delas precisa da quantidade exata de sol e sombra. Move-se calmamente, transmitindo paz total – sem nenhum objetivo a alcançar, nenhum prazo a cumprir, ninguém para impressionar. Deus está completamente à vontade enquanto planta seu jardim. E ajoelho-me a seu lado, com os joelhos na terra, as mangas enroladas, uma pá na mão. Ajoelho-me ao lado de Deus na superfície da terra – agitada, nervosa, ansiosa para terminar antes mesmo de começar. Procurando imitar, aprender; estudando seu método, absorvendo a sensação de calma que o cerca enquanto trabalha.

> Como são numerosas, Senhor, tuas obras! Tudo fizeste com sabedoria, a terra está cheia das tuas criaturas. A glória do Senhor seja para sempre, alegre-se o Senhor com suas obras. Quero cantar ao Senhor enquanto eu viver... (Sl 104,24.31.33).

Estar próximos a outra pessoa por um longo tempo permite-nos conhecê-la. É difícil manter as máscaras que escondem nosso verdadeiro eu, quando os outros veem todos os nossos atos, ouvem nossas conversas, escutam nossos telefonemas, compartilham os sentimentos mais profundos de nosso coração – lágrimas, sorrisos, raiva, tudo. Assim, enquanto me ajoelho ao lado de Deus, o Paisagista nesses primeiros dias da criação, deixo que ele me conheça tanto quanto eu o estou conhecendo. Deus cerca-se de beleza – não só a criação é bela, cada movimento de Deus, a paz que flui dele, é bela. Deus me convida a ser bela – a ter um belo espírito, a viver com encantadora bondade, a passar o tempo com afável paciência.

Pouco a pouco, cada vez que rezo, permito-me ficar um pouco mais à vontade na presença do Paisagista divino, permito-me ser aconselhada, consolada, acalentada. Gradativamente, aumenta minha firme confiança naquele que delicadamente planta o deslumbrante jardim da criação. À medida que as flores deixam-se plantar no jardim no lugar que dá a Deus a máxima satisfação, aprendo a descansar na realidade de que Deus é bom. Que Deus é amor. Ele só quer minha felicidade e posso seguramente lhe confiar a responsabilidade de obtê-la para mim.

Contemplação

"Meu Pai é o agricultor" (Jo 15,1).

Videiras e ramos, fidelidade e fecundidade... O capítulo 15 do Evangelho de João, com a imagem de um Deus vinhateiro, vai fundo na consciência bíblica do caso de amor de Deus com seu povo. As imagens de Israel, como a vinha de Deus e a videira divina, também aparecem no livro de Isaías e nos Salmos. Evocam temas de intimidade, festividades prazerosas, o coração partido de um Deus que sofreu a infidelidade de Israel (cf. Is 5,1-7; Sl 80,8-16).

Entretanto, fundamentais para a ética neotestamentária, a vinha e os ramos simbolizam a lei da frutificação – a vida cristã trata de floração e fecundidade pelo bem dos outros. Esse símbolo importante aparece primeiro no sermão da montanha: a árvore é julgada por seus frutos (cf. Mt 7,16-20). A parábola do semeador comenta os diversos graus de fecundidade naqueles que ouvem a Palavra. Alguns perdem o que receberam porque não têm nenhuma profundidade. Outros ficam aturdidos. Outros perdem o tesouro para a premência das preocupações mundanas. E alguns dão frutos, uns trinta, outros cem (cf. Mt 13,3-8). Perto do fim de sua vida pública, Jesus ameaça mandar derrubar uma figueira porque ela não deu frutos (cf. Lc 13,6-9). No capítulo 15 de João, Jesus declara que os ramos são julgados pelos frutos que produzem (cf. Jo 15,1ss). Embora esteja claro que todo cristão deva se dedicar a atividades fecundas, de onde se origina a atividade autêntica como discípulo?

Qualquer um que esteja familiarizado com essa passagem do Evangelho de João entende que Jesus é a videira e nós somos os ramos. O Pai poda os ramos para que eles deem mais frutos. Corta os ramos secos e os joga fora.

Eu pensava que "podar" significasse o tipo de poda que faço em minhas plantas domésticas. Removo uma folha aqui e ali de uma videira viçosa, deixando intacta a maior parte da planta. Entretanto, a visita a um vinhedo, certa vez, deu-me um entendimento mais realista da poda. Era início da primavera. Eu visitava um amigo e saí para o vinhedo a fim de meditar. Quase não consegui achá-lo. As videiras haviam sido cortadas perto do chão. Mediam apenas entre quinze e quarenta centímetros. Restavam apenas três ou quatro rebentos dos ramos do ano anterior. As treliças que normalmente sustentavam as videiras estendiam-se desprotegidas pelos campos, aguardando que os ramos crescessem o bastante para dar frutos.

Como cristãos, gostamos de pensar que significamos alguma coisa, que fazemos diferença para o mundo. Gostaríamos de ser a exuberante planta de interior para decorar prateleiras e mesas, comentada, admirada, atraindo a atenção. Mas Jesus diz que somos os ramos de uma videira, podados – pequenos, dependentes, não tão bonitos, sempre começando, ano após ano. A vida cristã é significativa conforme os frutos produzidos. E para dar frutos, precisamos estar vitalmente ligados a Jesus e nos sujeitar a ser podados pelo Pai. Precisamos desistir de nossos frutos a cada estação. Não podemos juntá-los em celeiros; armazená-los; empilhá-los para exibi-los, comprovar nossa produtividade. Não. Em vez disso, todo ano precisamos recomeçar como rebento minúsculo, ligado à vinha antiga, mas sempre nova.

Entre nós e Jesus há um relacionamento vivo e inseparavelmente íntimo. Quanto mais vital nossa ligação com a vinha e mais vibrante nosso seguimento do Mestre, mais precisamos ser podados. É doloroso e pessoal, mas o Pai sabe que só por meio da poda daremos cada vez mais frutos, ano após ano.

O Pai nos poda por intermédio da Palavra. O que ouvimos no Evangelho, muitas vezes faz uma "incisão" em nosso coração, forçando-nos a perceber onde não fomos fiéis, onde somos infecundos, ou onde produzimos maus frutos. Quando Deus nos confronta com seu desejo que sejamos fecundos, a percepção de que desejamos algo mais cria dor e confusão. Na luta, o Pai nos poda. Vezes sem conta, Deus nos confronta com a Palavra, com a observação de um amigo, com alguma coisa lida em um livro, com uma inspiração, com o bom exemplo de outrem, com o ensinamento da Igreja. Quanto mais deixarmos o Pai nos podar, mais frutos daremos.

Não temos esperança de ser exuberantes plantas de interior. Isso não cabe a nós. Em vez disso, a vida cristã evolui por desvios, obstáculos, confusão, luta – e todo o tempo os frutos estão não raro ocultos de nossa vista. Somos a vinha, com os rebentos minúsculos, mais uma vez. Vivemos na esperança. Em tudo isso, glorificamos a Deus, esperando em Jesus e entregando-nos ao preparo da vinha do Pai.

Analisar

- Você tem uma imagem favorita de Deus? O que essa imagem representa para você? A que profundezas ela o chama?

- Quando lê a Escritura, você deixa a imaginação vagar livremente com as narrativas, as parábolas, os acontecimentos – associando, ligando, comparando, contrastando, contemplando, observando? Isso o ajuda a ver a "vida" na Palavra?
- Qual é, em uma linha, sua definição de oração?
- Já teve uma experiência excepcionalmente memorável de proximidade com alguém? Como foi viver ou estar na presença desse alguém? Você sentiu mudanças em seu coração e em suas atitudes?
- Que papel a amizade desempenha em sua vida? Isolamento? Família?
- Você confia em Deus? Como Deus tenta convencê-lo de seu amor e fidelidade?
- Já reparou em cristãos que em seu ministério dão "muitos frutos"? Por que você acha que eles são tão fecundos? Qual a diferença entre fecundidade e sucesso? Consegue conversar com alguém sobre tornar seu ministério mais fecundo?
- Jesus nos deu a imagem da vinha e dos ramos para representar nossa completa dependência dele e intimidade com ele. Como descreveria o jeito de você e Jesus se relacionarem um com o outro? Que imagens empregaria?
- Como o Pai o "podou"? Quais foram as circunstâncias? Quais foram os sentimentos associados à poda? Houve perdas? Fracassos? Novos inícios? Surpresas? Dons?
- Qual é sua reação às linhas seguintes: "Gostaríamos de ser a exuberante planta de interior para decorar prateleiras e mesas, comentada, admirada, atraindo a atenção. Mas Jesus diz que somos os ramos de uma videira, podados – pequenos, dependentes, não tão bonitos, sempre começando, ano após ano". Sente-se começando vezes sem conta? Ou sente que seu crescimento espiritual está em constante expansão?

- Somos podados pelo Pai por meio da Palavra, do comentário de um amigo, de alguma coisa que lemos ou ouvimos, de um acontecimento em nossa vida. Existe um padrão no jeito como o Pai o poda? Como você pode entregar-se mais plenamente à poda pelo Pai?

Escutar

Dê uma volta ao ar livre, no início da manhã ou no pôr do sol. Caminhe devagar, olhe ao redor, relaxe, escute, absorva a paisagem, os sons e os cheiros. À medida que você ficar mais tranquilo, preste atenção ao que pensa e em como se sente, cuidadosamente reprimindo emoções, desejos e sonhos. Você não precisa fazer nada mais que isso. Passe algum tempo ao lado do Criador do universo e lentamente absorva sua presença no meio do belo jardim que ele plantou somente para você.

Descansar

Descansar com estas passagens da Escritura aprofunda sua cura. A fim de se preparar para descansar profundamente no coração, onde a cura acontece realmente, repita a experiência da oração de escutar antes de utilizar uma das passagens bíblicas, ou imagine-se na cena descrita na passagem. A cada vez, conte a Jesus o que vê e o que sente e espere que ele lhe diga alguma coisa.

Estar presente um para o outro

Rute 1,8-17
Lucas 1,35-45

Inesperadamente, duas mulheres foram retiradas da obscuridade e chamadas a desempenhar papéis particularmente importantes na história da salvação. A moabita Rute casou-se com o israelita Booz e foi avó do rei Davi. A virgem Maria foi coberta com a sombra do Espírito e tornou-se a mãe do Filho de Deus. As duas mulheres também foram intimamente ligadas às vidas de outros. Rute sai de seu lar pagão no vale de Moab para acompanhar e cuidar da sogra, Noemi. "Para onde fores, eu irei", ela lhe diz (cf. Rt 1,8-17). Maria parte apressadamente depois do prenúncio do anjo e passa vários meses cuidando de sua idosa prima Isabel que, também, inesperada e milagrosamente, está grávida (cf. Lc 1,35-45). As duas mulheres fazem-se presentes uma à outra, aceitam a vulnerabilidade da presença dos outros e se entregam à presença e ao plano de Deus.

Rute à sogra:

> Não insistas comigo para eu te abandonar e deixar a tua companhia. Para onde fores, eu irei, e onde quer que passes a noite, pernoitarei contigo. O teu povo é o meu povo, o teu Deus é o meu Deus (Rt 1,16).

Visita de Maria a Isabel:

> Quando Isabel ouviu a saudação de Maria, a criança pulou de alegria em seu ventre, e Isabel ficou repleta do Espírito Santo. Com voz forte, ela exclamou: "Bendita és tu entre as mulheres e bendito é o fruto do teu ventre! Como mereço que a mãe do meu Senhor venha me visitar? Logo que a tua saudação ressoou nos meus ouvidos, o menino pulou de alegria no meu ventre. Feliz aquela que acreditou, pois o que lhe foi dito da parte do Senhor será cumprido!" (Lc 1,41-45).

O caso de amor de Deus conosco

Sofonias 3,16-20
João 13,1-5

O relacionamento entre Deus e Israel em todo o Antigo Testamento é alternadamente terno e volúvel, enquanto

Deus tenta conseguir de seu povo confiança completa e fidelidade absoluta (cf. Sf 3,16-20). Certa vez, Jesus fala drasticamente com Pedro que o aconselhara a esquecer Jerusalém e a cruz. Em outra ocasião, Jesus bondosamente incentiva Pedro a permitir que ele lhe lave os pés (cf. Jo 13,1-5). Em um momento, as Escrituras explodem com promessas arrebatadas da revigorante justiça divina. Em outro momento, as páginas anunciam os segredos desse Deus que se tornou um de nós para nos fazer voltar ao amor por intermédio de sua vida, morte dolorosa e ressurreição gloriosa. A mesma tensão e a força dessas emoções são representadas em nosso relacionamento com o Senhor.

O relacionamento de Deus com Israel:

> O Senhor teu Deus está a teu lado como valente libertador! Por tua causa ele está contente e alegre, apaixonado de amor por ti, por tua causa está saltando de alegria, como em dias de festa. "Afastarei a desgraça para longe de ti a fim de que, por sua causa, não venhas a sofrer humilhação" (Sf 3,17-18).

Jesus ajoelha-se para lavar os pés de Pedro:

> Foi durante a ceia [...] Sabendo que o Pai tinha posto tudo em suas mãos e que de junto de Deus saíra e para Deus voltava, Jesus levantou-se da ceia, tirou o manto, pegou uma toalha e amarrou-a à cintura. Derramou água numa bacia, pôs-se a lavar os pés dos discípulos e enxugava-os com a toalha que trazia à cintura (Jo 13,2-5).

Vocês ainda vivem segundo suas inclinações naturais

Atos 9,1-9

1 Coríntios 3,1-4

O termo bíblico "podar", que deveria ser muito claro para a cultura israelita agrária, também poderia ser expresso, no linguajar de hoje, como transformar, aperfeiçoar, renovar ou converter. Paulo teve importante experiência de poda no início de seu seguimento de Cristo. Todos sabem a história do encontro de Paulo com Cristo na estrada de Damasco. Paulo, então conhecido como Saulo, era fariseu, em todos os aspectos um judeu honesto e íntegro. Mas o orgulho, a arrogância, o carreirismo e a autoconfiança foram podados naquele dia, quando ele foi levado pela mão a Damasco, a cidade que ele viera invadir com suas violentas intenções de procurar e encarcerar seguidores de Jesus (cf. At 9,1-9). Foi uma poda drástica. Por sua vez, entretanto, quando se tornou o apóstolo para os gentios e levou muitos a crerem no Senhor Jesus, ele auxiliou o Jardineiro divino com sua poda. Cartas, lágrimas, argumentos, explicações, terna compaixão, e ardente lealdade, tudo foi empregado no desejo de que esses novos seguidores de Jesus fossem pessoas que vivessem do Espírito, cristãos prudentes capazes de "alimento sólido", não apenas leite. Como Jesus fora claro e direto com ele, Paulo não tinha medo de apontar claramente o que precisava ser descartado para serem inteiramente renovados em Cristo (cf. 1Cor 3,1-4).

A experiência paulina de poda:

> Durante a viagem, quando já estava perto de Damasco, de repente viu-se cercado por uma luz que vinha do céu. Caindo por terra, ouviu uma voz que lhe dizia: "Saul, Saul, por que me persegues?" Saulo perguntou: "Quem és tu, Senhor?" A voz respondeu: "Eu sou Jesus, a quem tu estás perseguindo. Agora, levanta-te, entra na cidade, e ali te será dito o que deves fazer" (At 9,3-6).

As cartas paulinas às comunidades cristãs:

> Eu vos alimentei com leite, não com alimento sólido, de acordo com a vossa capacidade. E nem atualmente sois capazes de

tomar alimento sólido, pois ainda estais no nível da carne. As rivalidades e contendas que existem no meio de vós acaso não mostram que sois carnais e que procedeis de modo humano apenas? (1Cor 3,2-3).

Cura interior

Antes de começar esta seção, talvez você deseje rezar com a contemplação de imagens mentais guiadas encontrada na página 19.

Ser "podado" é ter sido retirado de nós aquilo em que confiávamos, o que amávamos, o que contribuía para nosso sentimento de identidade. A poda toca nossas carreiras, nossas finanças, nossas famílias, nossos amigos, nossa saúde e mais. A poda faz-nos renunciar a aspectos dessas coisas que são, usando a metáfora da vinha e da poda, os muitos ramos e folhas e frutos acalentados em nossa vida. Contudo, o segredo de sobreviver a tempos de poda em nossa vida também está precisamente na imagem da vinha. Assim como a vinha é mais que seus frutos e folhas, também somos mais que o trabalho que exercemos, os relacionamentos que temos, nossos ministérios voluntários e nossos títulos.

Para nós, em geral a poda se associa à perda, e perda é, em maior ou menor grau, algo doloroso. Toda perda oferece-nos um convite para aprender alguma coisa sobre nós mesmos. É um chamado para crescer, para descobrir aspectos de nós mesmos dos quais não tínhamos consciência. Toda perda, embora não necessariamente desejada por Deus, é permitida por ele e oferece-nos uma bênção que só reivindicamos depois de algum tempo de lamento e renúncia. Há uma bênção oculta em toda experiência de perda que pode levar muito tempo para ser reivindicada, mas está ali, se tivermos olhos para ver. O místico sufista Rumi disse bem: "Não se perca na dor, / saiba que um dia / a dor será sua cura".[1]

Reserve algum tempo para relembrar sua vida. Faça uma lista de suas perdas. Para cada experiência de perda, peça que Deus o ajude a relembrar as bênçãos que dela vieram. Talvez você tenha ficado mais compassivo ou mais compreensivo. Talvez tenha descoberto uma força oculta. A perda talvez o tenha ajudado a aprofundar sua experiência de Deus. Talvez novas pessoas tenham entrado em sua vida. Talvez você tenha simplificado seu estilo de vida e crescido em gratidão pelas bênçãos de cada dia. Quem sabe você reconheceu que tinha de recuperar partes de si mesmo que havia enterrado bem fundo.

Reserve algum tempo para agradecer a Deus, não tanto as perdas, mas as bênçãos que delas se originaram. Peça a Deus para ajudá-lo a reivindicar mais de sua força interior, a ter a coragem de não só olhar a dor, mas também de ver a luz para além dela.

Se acha difícil renunciar a perdas, ritualize a renúncia a elas. Um jeito útil é procurar pequenas pedras e em cada uma delas escrever uma palavra que represente uma perda associada ao tempo de poda com a qual está lutando. Ponha-as em uma bolsa e ande com elas durante alguns dias. Achará bem aborrecido carregar mais esse peso. É uma boa metáfora para a bagagem interior que continua a carregar. Quando estiver pronto, leve as pedras a um lugar tranquilo e entregue cada uma a Deus, pedindo-lhe que o ajude a renunciar. Depois, enterre-as ou jogue-as em um campo vazio ou em um rio. Peça a graça de perdoar as pessoas ou situações envolvidas na perda que experimentou.

---

[1] RUMI. *Hidden Music*. Trad. para o inglês de Azima Melita Kolin e Maryam Mafi. San Francisco: HarperElement, 2001. p. 136.

Capítulo 5

Um futuro com o qual só Deus poderia sonhar

"Não tenhas receio de receber Maria, tua esposa"

Imaginar vividamente

No ano passado eu tinha uma importante decisão a tomar. Minha escolha afetaria não só a direção de minha vida, mas também a vida de outros. Não cabia unicamente a mim tomar essa decisão e, contudo, ela dependia inteiramente de minha resposta. Durante os meses em que refleti nessa decisão, visualizei, em oração, a imagem a seguir.

Eu estava achando difícil entregar-me inteiramente a Deus em oração. Estava preocupada. Queria imaginar qual seria o resultado das duas escolhas possíveis diante de mim. Estava calculando o que eu pensava que seria a medida mais sábia. Com toda essa atividade mental acontecendo, eu não conseguia rezar. Certa manhã, pedi a Jesus para simplesmente vir até mim. Fechei os olhos e me imaginei perto de um lago bem grande. Imaginei Jesus vindo até mim. Em geral, Jesus vem até mim a pé. Dessa vez, porém, veio de barco. Em um pequeno barco a remos ele atracou na beira do embarcadouro e convidou-me a sentar a seu lado. Deixei-me cair do embarcadouro para o barco, acomodei-me e olhei para Jesus. Ele esperava algum tempo livre juntos. Em vez disso, tentei tirar dele os remos e escolhi como destino o outro lado do lago. Entregou-me os remos e disse: "Está bem, agora continue e reme para o outro lado". Pus-me em posição, comecei a remar e começamos a nos mover em círculos. Patinhando, puxando e esticando, tentei inúmeras vezes reposicionar-me, na tentativa de começar a seguir em direção à outra margem. Por mais que eu tentasse, não nos afastamos mais que alguns centímetros do embarcadouro.

Fiquei embaraçada e frustrada. Essa imagem deixou claro para mim que minha remadura – minha tentativa de entender o que deveria fazer – não estava levando-me a lugar algum. Eu estava literalmente andando em círculos. Em vez de análise, precisava de receptividade. Em vez de controle, precisava de vulnerabilidade; em vez de planos, confiança.

Recuperar a esperança exige essa transição do mundinho circular que conseguimos criar – um mundo que gira para sempre ao redor de nós mesmos para o movimento de um seguidor ao longo de uma estrada que é reta e estreita. Todo crescimento em espiritualidade exige essa transformação bíblica. Isso ficou claro desde os primeiros instantes da vida pública de Jesus. Ao mergulhar no rio Jordão, Jesus apresenta-se ao primo. Com outros que se movem em círculos na beira do lago, João Batista olha no fundo dos olhos de Jesus e vê alguém diferente – a voz, a palavra, a luz, o caminho, a verdade, a vida e se esquiva. Podemos ouvi-lo pensar: "Oh! Agora o que faço? Aquele que vem depois de mim está aqui. O que ele faz, pedindo o batismo? Ele não precisa de batismo! Não do meu batismo. O que deve acontecer agora? O que aconteceria se eu não dissesse nada e simplesmente o batizasse? Afinal de contas, ele não se anunciou. Ou devo me inclinar? Ou devo dizer alguma coisa?".

"Eu é que preciso ser batizado por ti", João fala sem pensar. Ele tenta entender as coisas. Planejar. Fazer o que faz sentido.

A resposta de Jesus é direta: "Por ora, segue o plano. Continua e faz o que está bem aqui diante de ti. Batiza-me, meu primo. Não tentes orquestrar a vinda do Reino".

Depois que João, bastante agitado, batiza o Messias e Jesus sai do rio Jordão, o Espírito desce sobre Jesus e o Pai o proclama Filho, convidando o mundo a ouvi-lo (cf. Mt 3,13-17).

A tentativa de solucionar as coisas atrai pensamentos circulares, autopropulsionados, que, no fim, não levam a parte alguma. Obediência, franqueza e discipulado atraem o Espírito a nossa vida para revelar-nos quem somos e quem Jesus é.

Contemplação

"Não tenhas receio de receber Maria, tua esposa" (Mt 1,20).

As Escrituras estão cheias de passagens onde Deus diz às pessoas o que fazer. Algumas pessoas deixam sua sorte por conta de Deus e seguem sua orientação. Outras correm na outra direção. Uns o ignoram, outros o esquecem, alguns o odeiam. Essas histórias são o contexto vivo de nossa existência, já que nós também estamos diante do sentido duradouro da vida em especial da nossa vida.

Jonas, o profeta, e José, o pai adotivo de Jesus, são pessoas mais que reais que não raro me ajudam a entender meu propósito diante de Deus, a avaliar minha postura diante do Deus que chama.

Jonas tinha tudo calculado: "A palavra do Senhor veio a Jonas, filho de Amati: 'Levanta-te! Vai a Nínive, aquela grande cidade, e denuncia suas injustiças, que chegaram à minha presença'" (Jn 1,1-2). Talvez Jonas tenha pensado: "Isso não é bom. Nínive é a capital da Assíria, os ninivitas são um povo violento. Por que Deus se importa com eles? Eu posso acabar morto. E, além disso, não sou bobo! Vou lá e anuncio o julgamento de Deus. Eles vão dizer que se arrependem e Deus vai perdoá-los. Perdoar os inimigos de Israel! Mostrar-lhes o mesmo amor e misericórdia que nos mostra! Eles deviam ser todos exterminados. Que interesse Deus tem neles? Eu não vou lá!". De fato, quase no fim do breve livro de Jonas, ele diz a Deus exatamente isso. Ele brada a Deus: "Ah, Senhor! Não era isso mesmo o que eu dizia quando estava na minha terra? [...] eu sabia que és um Deus bondoso demais, sentimental, lerdo para ficar com raiva, de muita misericórdia e tolerante com a injustiça" (Jn 4,1-2).

E assim Jonas entra em um navio e vai na outra direção. Deus tem realmente de sair de seu caminho a fim de arrastar Jonas de volta a Nínive para realizar a missão que dera a esse profeta independente. Jonas não reconhece sua missão. Não ouve a voz de seu Deus. Quer as coisas do seu jeito. As escolhas de Jonas levam-no a desapontamentos: sofrer tempestades em alto-mar que põem seus companheiros de viagem em risco, ser jogado ao mar, ter de voltar atrás para realizar aquilo para qual fora enviado e, finalmente, ficar amuado com a bondade e a compaixão divinas. Sua vida é uma série de desapontamentos. Ele é rabugento, amargo e vingativo, como revela a última conversa entre ele e Deus: "Será que está correto ficares tão irritado?", pergunta Deus. Jonas sai da cidade e fica amuado. Deus providencia uma planta para refrescá-lo, o que deixa Jonas satisfeito. De madrugada um verme destrói a planta, o que deixa Jonas furioso. "Prefiro morrer a ficar vivo!", ele grita para Deus, sacudindo o punho na direção do Todo-Poderoso. Então Deus pergunta a Jonas por que acha certo ele mudar seus sentimentos de prazer para raiva da noite para o dia, por causa de uma simples planta, e ser contra Deus mudar de raiva para prazer por causa de toda uma cidade que se arrependeu da maldade e se voltou para ele com esperança (cf. Jn 4,9-11).

O livro termina sem nenhuma resposta de Jonas. Duvidamos que algum dia ele se tenha refeito. Seu pensamento circular com certeza não contribuía para uma vida agradável.

José, por outro lado, também se vê chamado por Deus para uma situação desagradável. Sua prometida, sua amada Maria, está obviamente grávida, mas não dele. Ele confiara nela. Parece que ela traiu seu amor. Seus planos para o futuro desmoronam com a percepção dolorosa de que ela não era o que ele acreditara que fosse. Mas, sendo um bom homem, José procura decidir o que fazer. Ele ainda a ama. Não quer que ela seja magoada. Do ponto de vista legal, ele deveria fazê-la ser publicamente apedrejada até a morte. Ele quer fazer a coisa certa. Mas também quer protegê-la. Olha para fora de si e de sua mágoa e seus planos – fora do círculo de seu egoísmo – e abre uma brecha em sua tristeza para a graça de Deus construir um futuro para além da imaginação humana.

"Não tenhas receio de receber Maria, tua esposa" (cf. Mt 1,20). Seu filho é do Espírito Santo. Deves tomar conta deles. Deves dar-lhe seu nome.

Deus não costuma revelar futuros, simplesmente indica o passo seguinte – e isso quase sempre não faz nenhum sentido. José não corre na outra direção. Ele é avisado: "Saia da cidade; Herodes procura o menino para matá-lo". Sete anos depois: "Volte para Israel agora. É seguro". Quando entram em território israelita, outra advertência: "Não vás para Judá, vai para a região da Galileia; vai para Nazaré". É isso aí. E José obedece.

José seguiu o plano de Deus e desistiu de confiar unicamente na própria capacidade de decidir o melhor para si e sua família. Suas escolhas levaram à integridade. Como com Jonas, o plano de Deus pôs a pessoa em segundo lugar. Jonas recusou-se a ser "o segundo no comando" e a seguir as diretrizes do Capitão. Recusou-se a se colocar como servo dos ninivitas, a viver para os outros. O chamado de José significava que, em vez de ter a mais alta dignidade nessa família, ele tinha a posição vulnerável de tomar conta das duas principais figuras da história da salvação: Jesus e Maria. Ele era seu apoio. Seguiu as instruções de Deus e proveu a subsistência de sua família. Por causa de sua mansidão, pôde assumir o sofrimento que encontrou ao tomar Maria como esposa, proteger o Menino Jesus de Herodes, viver exilado, voltar para Israel, viver e morrer na obscuridade sem uma só palavra sua registrada nas Escrituras.

José foi em direção ao que o ameaçava. Nesse ato corajoso, assumiu a missão que Deus lhe designara na própria obediência colocada diante dele, foi revelado a si mesmo e veio a conhecer o íntimo de Deus. Deus toma a iniciativa de traçar um plano para nós, uma atitude a tomar, uma viagem a iniciar e, ao sair do círculo de nossos pequenos medos e planos para nossas vidas, descobrimos um futuro com o qual só Deus poderia sonhar.

Analisar

- Lembra-se de alguma decisão que teve de tomar que foi decisiva para seu futuro e que afetou outras pessoas? O que sentiu enquanto se preparava para tomar a decisão? Ansiedade? Pressentimento? Responsabilidade? Paralisia? Confiança?

- A imagem do barco a remo ressoa em você? Lembra-o de quê? Como você transcendeu um padrão de pensamento ou ação que não o levava a parte alguma?

- Você tende a procurar solucionar as coisas, ou tem outro jeito de abordar seus problemas e decisões? Pode falar de uma experiência na qual teve de desistir de solucionar as coisas e apenas confiar? O que aconteceu?

- Deus já lhe disse o que fazer? Quais foram as circunstâncias? Sua resposta foi mais parecida com a de Jonas ou com a de José? O que você precisaria fazer a fim de ouvir a voz de Deus mais claramente?

- Como suas escolhas levam à integridade?

- É capaz de descrever uma ocasião em que fugiu de Deus?

- Acha que Deus nos pede que façamos coisas além de nossas forças? Com referência à história de Jonas e à de José, quais são algumas das razões desses planos de Deus parecerem tão difíceis?

- Quando seus sonhos foram frustrados, como foram os de José, o que você fez? Deus lhe mostrou um caminho através das ruínas de seus planos?

- Você está crescendo na capacidade de sair do círculo de seus medos e planos e embarcar em um futuro com o qual só Deus poderia sonhar?

Escutar

Feche os olhos e imagine-se ao lado de um grande lago. É dia ou noite? As águas refletem o sol ou a lua? O lago está calmo ou agitado? O que você ouve em volta? O que vê ao redor? Há mais alguém perto de você? Enquanto está parado ali, deixe acontecimentos significativos do dia ou da semana anterior virem à superfície de sua percepção juntamente com as emoções ligadas a eles. Sinta esses acontecimentos ecoarem dentro de sua consciência. Do lado esquerdo, um barquinho se aproxima lentamente, parando, balançando suavemente nas águas. Você percebe que Jesus vem até você e lhe pergunta se gostaria de vir com ele. O que acontece em seguida?

Descansar

Descansar com estas passagens da Escritura aprofunda sua cura. A fim de se preparar para descansar profundamente no coração, onde a cura acontece realmente, repita a experiência da oração de escutar antes de utilizar uma das passagens bíblicas, ou imagine-se na cena descrita na passagem. A cada vez, conte a Jesus o que vê e o que sente e espere que ele lhe diga alguma coisa.

Quando não podemos resolver

João 2,1-12

João 19,25-27

Em duas passagens do Evangelho de João, Maria intervém para evitar que as pessoas se esforcem inutilmente enquanto tentam solucionar um problema. A primeira é nas bodas de Caná, uma festa comunitária que dura vários dias. Quando o vinho começa a faltar, Maria percebe o problema. Em vez de se atormentar, calculando como comprar mais, sugerindo desculpas que os noivos pudessem dar, ou procurando fugir da catástrofe iminente, ela se dirige a Jesus e lhe conta o problema (cf. Jo 2,1-12). No fim da vida de Jesus, enquanto vê o filho morrer fracassado e humilhado, ela aceita o papel de mãe dos apóstolos, que estão arrasados com os últimos acontecimentos. Eles com certeza não saberiam continuar. Já tinham decidido que seria melhor se esconder ou seriam os próximos a ser executados, dificilmente um início promissor para o Reino de Deus. Contudo, no caos mais sombrio, quando o ministério de Jesus parece estar se extinguindo, ela segura uma vela para iluminar o caminho. Intervém para mostrar aos apóstolos que eles não precisam se esforçar para resolver um problema (cf. Jo 19,25-27).

> Faltando o vinho, a mãe de Jesus lhe disse: "Eles não têm vinho!" Jesus lhe respondeu: "Que é isso para ti e para mim, mulher? A minha hora ainda não chegou". Sua mãe disse aos que estavam servindo: "Fazei tudo o que ele vos disser!" (Jo 2,3-4).
>
> Jesus, ao ver sua mãe e, ao lado dela, o discípulo que ele amava, disse à mãe: "Mulher, eis o teu filho!" (Jo 19,26).

Não me envies

Ezequiel 3,14-27
Jeremias 1,4-10

Jonas não é o único profeta relutante nas Escrituras. Outros hesitaram ou sofreram por causa da missão para a qual foram escolhidos. A missão profética de Ezequiel superou o grande desastre de 586 a.C., quando Jerusalém foi completamente destruída pelos babilônios e sua população exilada. A glória de Deus apareceu-lhe e chamou-o a enfrentar a rejeição e o desespero de seu povo com a lembrança do amor e da fidelidade de Deus. Deus lhe disse que ia ser trabalho duro e que provavelmente ninguém na casa rebelde de Israel o escutaria. O capítulo 3 declara que o Espírito o arrebatou e o levou embora. Quando ele foi até os exilados, ali passou sete dias sentado no meio deles (cf. Ez 3,14-27). Na outra extremidade do espectro está Jeremias, o profeta juvenil, que disse: "Sou uma criança". A isso Deus respondeu simplesmente: "Não me digas: 'Sou uma criança', pois a todos quantos eu te enviar, irás e tudo o que eu te mandar dizer, dirás" (cf. Jr 1,4-10).

Vocação de Ezequiel:

> A mão do Senhor pousou sobre mim, e ele me disse: "Levanta-te e sai para a planície! Lá eu falarei contigo". Levantei-me e saí para a planície, e ali estava a glória do Senhor, tal como a vi junto ao rio Cobar [...] o espírito entrou dentro de mim e me pôs de pé. O Senhor começou a falar comigo (Ez 3,22-23.24).

Vocação de Jeremias:

> O Senhor estendeu a mão, tocou-me a boca e disse: "Estou pondo minhas palavras na tua boca. Vê: hoje eu te coloco contra nações e reinos, para arrancar e para derrubar, devastar e destruir, e também para construir e para plantar" (Jr 1,9-10).

Só o próximo passo

Juízes 6,117,25
Atos 8,26-40

Quando Deus chama alguém para uma missão específica, ele lhe dá a visão geral e então lhe diz apenas o que deve fazer em seguida. Seria com certeza animador se soubéssemos o que aconteceria depois de darmos o passo seguinte. Muitas vezes parece que o passo seguinte não tem nada a ver com a visão geral. O passo seguinte põe-nos sempre ou a serviço da comunidade, ou em submissão a ela. Quando Deus chamou

Gedeão, disse-lhe para ir libertar Israel do poder dos madianitas. "Sou eu que te envio" (cf. Jz 6,14). Ele não desenvolveu uma estratégia. De fato, Deus reduziu as fileiras de seus "soldados", fazendo todo o possível para tornar irrealizável uma estratégia eficiente. Gedeão estava a serviço da comunidade nos termos divinos e por meio dele Deus estava servindo e salvando a comunidade (cf. Jz 6,117,25). Um anjo do Senhor deu a Filipe uma missão: "Toma a estrada que desce de Jerusalém a Gaza". Depois, quando ele chegou lá: "Aproxima-te desse carro e acompanha-o". Dificilmente uma missão impressionante (cf. At 8,26-40). Mas todas as missões autênticas começam com um passo, dado no escuro, por ordem do Senhor. E está claro quem está no comando. Se essas condições não estiverem lá, então você precisará examinar se você mesmo é a fonte de sua missão.

Vocação de Gedeão:

> O Senhor disse a Gedeão: "Estás levando gente demais contigo para que eu entregue Madiã a suas mãos. Israel poderia gloriar-se às minhas custas, dizendo: 'Foi minha mão que me salvou'. Portanto, dá este aviso a todo mundo: 'Quem estiver com medo e a tremer, que volte e se retire do monte Gelboé'" (Jz 7,2-3).

Missão de Filipe:

> E o eunuco disse a Filipe: "Peço que me expliques de quem o profeta está dizendo isso. Ele fala de si mesmo ou se refere a algum outro?" Então Filipe começou a falar e, partindo dessa passagem da Escritura, anunciou-lhe Jesus. Eles prosseguiram caminho e chegaram a um lugar onde havia água. Então o eunuco disse a Filipe. "Aqui temos água. Que impede que eu seja batizado?" (At 8,34-36).

Cura interior

Antes de começar esta seção, talvez você deseje rezar com a contemplação de imagens mentais guiadas encontrada na página 19.

Muitas das pessoas chamadas por Deus experimentam, em face da vocação, emoções conflitantes e muito medo. Há um princípio psicológico que, na ausência de fatos, de informações reais, nossa imaginação assume o comando e esperamos o pior. Vemo-nos preocupados com todas as maneiras que alguma coisa poderia dar errado.

Há muitas histórias bíblicas que ilustram essa tendência. José pensa que terá de despedir Maria; Jonas decide fugir; Ester a princípio tenta afastar-se da iminente tragédia de seu povo; Jeremias alega ser jovem demais e não poder fazer o que Deus lhe pede. Cada um desses indivíduos e todos os outros chamados por Deus são convidados a assumir um risco e confiar nas diretrizes divinas.

Também nós somos chamados por Deus para ser sua presença no mundo e para fazer escolhas que estão de acordo com valores evangélicos. Contudo, muitas vezes nos vemos preocupados com qual será o resultado de nossas escolhas. Conforme alguns estudos, quarenta por cento daquilo com que nos preocupamos nunca acontece e trinta por cento é sobre coisas que ocorreram no passado, sobre as quais não temos nenhum controle. Quanta energia desperdiçada!

Instrumento útil para maior paz é a criação de uma "caixa de preocupações" (ou, em vez de uma caixa, um saco ou diário). Quando estiver confuso e incapaz de prosseguir por causa de constantes preocupações, escreva suas inquietações em um pedaço de papel e ponha-o na caixa de preocupações.

Ao fazer isso você ritualiza o desejo de entregar a Deus o hábito improdutivo de se preocupar. Sempre que o pensamento voltar, lembre-se de que colocou a inquietação nas mãos de Deus e reordene os pensamentos ansiosos em uma oração. Por exemplo, se está preocupado com uma viagem que precisa fazer ou uma entrevista que está próxima, deixe a oração ser um ato positivo de confiança: "Confio, ó Deus, que tudo acabará bem", ou "Estou confiante, ó Deus, que estás sempre comigo".

A cada quatro ou cinco meses, leia todos os papéis colocados na caixa. Repare quantas das inquietações que criaram preocupação nunca aconteceram realmente. Descarte esses papéis. Devolva à caixa as inquietações que ainda tem e acrescente novas que surgiram. Continue a rezar a Deus com confiança, colocando suas preocupações nas mãos dele.

Capítulo 6

Abrace Jesus
"Seja como o mais novo"

Imaginar vividamente

Não era um sonho. Ali estava na tela do computador. Nítidas letras vermelhas em tamanho grande, acusando-me de tentar arruinar o projeto de alguém. "O que vai acontecer comigo?", passou-me pela cabeça, mal registrando na consciência. Só percebi depois que, mais no fundo, completamente oculta, estava a íntima frustração de não estar à altura da imagem do que eu achava que devia ter. Quando me permiti sentir o medo do qual costumava fugir, reconheci finalmente a agressão violenta que dirigia a mim mesma – o ódio de mim mesma. Tão ridículo, pensei.

Quase sempre eu fantasiava que era alguém diferente, estava em algum lugar diferente, era de algum modo diferente, porque detestava quem eu era. Tinha medo de viver a vida – minha vida – simplesmente como ela era, simplesmente quem eu era. Mas que ridículo. Só abraçando nosso verdadeiro eu, encontraremos a verdadeira paz. Comparada a nossas fantasias, nossa realidade parece pequena demais, suscetível demais ao fluxo e refluxo das marés da vida. Entretanto, como um diretor espiritual me disse: "Parece pequena porque é real".

Por isso, pedi a Jesus que me dissesse alguma coisa enquanto eu lia o irritado e-mail. Esperava consolo e alívio vindo dele. Em vez disso, na oração ele me levou para fora e disse simplesmente: "É desse jeito que as coisas são".

O jeito que as coisas são. O jeito que a vida é. Há altos e baixos. Há arrebatamento e tristeza. Há sucesso e fracasso. Há contentamento e desorientação. É assim que as coisas são.

Não podemos fugir às ondas de consolo e desolação que passam por nossa alma. Nem podemos evitar as euforias e as escuras depressões que com ritmo suave ou sombrio nos puxam por uma corda.

Aqueles de nós que lutam com o caos emocional e a confusão interior podem ser levados a pensar que, tendo sobrevivido à escuridão em torvelinho, devem agora ficar na terra da luz. Os altos e baixos se acalmarão em uma contínua viagem para o alto. Temos pavor de outro ataque de escuridão. A tensão interna que criamos para nós mesmos ao evitar o ritmo da vida torna-nos pessoas superficiais. Precisamos voltar a mergulhar na escuridão aqui e ali com bondade e sem medo, a fim de aprender a relaxar ali, onde Deus também está presente.

Contemplação

"Seja como o mais novo" (Lc 22,26).

Em uma das salas de nosso convento há um grande quadro da última ceia de Jesus. A imagem esboça os momentos seguintes à declaração de Jesus de que um dos apóstolos estava prestes a traí-lo. Jesus está rodeado por três de seus seguidores mais chegados. Dois deles, um com certeza Pedro, estão de pé, nas sombras por trás de Jesus, perto dele, querendo saber quem faria uma coisa dessas. Talvez quisessem fazer tudo o que pudessem para impedir isso de acontecer. Talvez quisessem assegurar que não seriam eles. Afinal de contas, essa tragédia significaria o fim da vida com Jesus como a conheciam. Em primeiro plano, o terceiro apóstolo, João, aquele que Jesus amava, descansa a cabeça no peito de Jesus, os braços ao redor de seu pescoço, em um gesto de escuta e confiança. Seu rosto está tranquilo. Ele não vai desistir. As figuras dele e de Jesus estão na luz e impregnados de uma sensação de paz. O Evangelho de João diz simplesmente que João, orientado por Pedro, pergunta quem é que o trairá. Jesus diz ao jovem apóstolo simplesmente que é aquele a quem ele der um bocado passado no molho. Então, volta-se para Judas e diz: "O que tens a fazer, faze logo". E da tranquila sala do andar superior onde eles passavam a Páscoa juntos, Jesus e seus seguidores são lançados na escuridão. É noite. Não há nenhuma fuga da realidade, só uma calma aceitação do ritmo da vida.

Diante da ameaça de escuridão, fracasso, ou perda, quase sempre sou como Pedro: "Dize-me como vai acontecer e me livrarei do que o provoca. Vamos deixar tudo do jeito que estava". Em vez disso, o discípulo amado põe a cabeça no peito de Jesus e pede para saber como isso vai acontecer para que ele possa permanecer inseparável de seu Senhor e Mestre. Pedro assume o comando. João abriga-se nos braços daquele que alguns momentos antes lhe lavara os pés com a máxima discrição e humildade.

O tema do discípulo amado, aquele que Jesus amava, vem à tona precisamente antes do iminente mergulho na escuridão, em meio à crescente ansiedade que ameaça separar os apóstolos da confiança na vitória definitiva do Messias. Em face disso, o discípulo amado prefere não fugir, mas se manter fiel a Jesus, permanecer "com", recusar-se a seguir sozinho.

O Evangelho de João expõe a futilidade de nossos esforços para escapar à realidade, procurando curvá-la em nosso benefício. O autor nos explica isso por meio de todas as conversas que registra em suas páginas. Toda pergunta ou declaração dirigida a Jesus nesse Evangelho é malsucedida. A palavra permanece acima e fora do alcance de nossa pequena mente. Por exemplo, Nicodemos pergunta com incredulidade: "Como podes dizer isso? Não faz sentido dizer que precisamos nascer de novo. Quem já é adulto pode nascer de novo?" (cf. Jo 3,4).

A samaritana escuta atentamente um estranho sentado no poço de sua cidade, um homem que lhe promete que, se ela beber a água viva que lhe dará, ela nunca mais terá sede. "Isso é fantástico. Eu pouparia muito tempo se não tivesse de vir a este poço diariamente buscar água. Dá-me um pouco dessa água, para que eu nunca mais tenha sede" (cf. Jo 4,15). Filipe censura Jesus, que quer alimentar a multidão que ouvira sua pregação e agora está faminta: "Estás brincando? Duzentos denários não dariam para comprar o bastante para dar um pouquinho a cada um. Onde vamos conseguir o dinheiro para esse grande banquete que queres oferecer?" (cf. Jo 6,7).

Só João, nos altos e baixos da vida, mostra-nos como relacionar-nos com Jesus, a Palavra que se fez carne, e não é fazendo uso de muitas palavras. É com amor. Abraçando Jesus, ele deita a cabeça no peito do Mestre. Mais tarde ele segue Jesus durante a noite de sua captura e julgamento pelo sinédrio. Fica ao lado de Maria junto à cruz, sem dizer uma só palavra. Só ouvimos suas palavras escritas posteriormente em suas cartas: "Caríssimos, amemo-nos uns aos outros, porque o amor vem de Deus" (1Jo 4,7).

João aprendera com Jesus que a única coisa importante é o amor. E, para amar, precisamos ser pequenos. Se somos grandes demais, lutamos, competimos, usamos de subterfúgios, racionalizamos, fugimos. Mas, se permanecermos como crianças, assim como Jesus o fez diante do Pai, entregamo-nos a Deus e amamos até em face da escuridão e do ódio. O amor é a palavra definitiva. Foi a palavra final do Pai – Jesus. Deve acabar sendo nossa única palavra. Com essa garantia de amor e segurança, temos a confiança de encontrar Jesus até nos lugares de escuridão em nossa vida. Nós nos descontraímos o bastante para descobrir sentido em tudo que nos acontece. O amor abre-nos os olhos para reconhecer a ressurreição que sempre se segue à morte, o alvorecer que se segue à noite, o consolo que se segue à desconcertante desolação.

Analisar

- Lembra-se de uma ocasião de profundo desapontamento? O que foi que o provocou? Quais foram os sentimentos? Você teve tempo de processar o que estava acontecendo?

- O que acontece quando você faz uma pausa depois de um transtorno? Já ficou simplesmente quieto e calmo por alguns momentos? Durante horas? Durante dias? O que aprendeu?

- O que muda quando você se torna presente ao desenrolar de seu mundo interior?

- Como você experimenta o ritmo da vida? Faça um esboço autobiográfico dos altos e baixos de sua vida.

- Como se sente quanto à escuridão em sua vida?

- Se já lutou com a depressão antes, tem receio de que ela volte? Que receio é esse? Já teve experiências nas quais sentiu que sua vida se aprofundou pela experiência de desapontamento ou melancolia?
- Já tentou impedir, por medo, alguma coisa de acontecer? Funcionou? Por quanto tempo?
- Sente-se mais como Pedro ou como João na maneira de abordar acontecimentos sombrios ou amedrontadores? Como sobreviveu a isso? Que mudanças gostaria de fazer?
- O que isto significa para você: "Só João mostra-nos como relacionar-nos com Jesus, a Palavra que se fez carne, nos altos e baixos da vida, e não é fazendo uso de palavras. É com amor"? O que Deus estaria pedindo de você?
- Quando ouve que precisa ser pequeno, como criança, qual é sua reação? Quais são seus medos ou desejos?
- Já tentou argumentar com Deus por que alguma coisa não devia estar acontecendo? Qual foi o resultado? Haveria um jeito melhor de passar por essa realidade?

Escutar

Imagine-se no meio dos apóstolos na última ceia. Judas acabou de sair da sala. Você não tem certeza para onde ele vai ou por quê. Alguns dos apóstolos discutem entre si o que acham que está acontecendo. Pedro afirma que seguirá Jesus mesmo que tenha de morrer por ele. Jesus parece triste. Há um ar de incerteza. Então, João o pega pela mão, o conduz para o lugar ao lado de Jesus e lhe diz para abraçar Jesus e deitar a cabeça em seu peito. Fique assim o tempo que precisar, a fim de ouvir as palavras que Jesus lhe dirá.

Descansar

Descansar com estas passagens da Escritura aprofunda sua cura. A fim de se preparar para descansar profundamente no coração, onde a cura acontece realmente, repita a experiência da oração de escutar antes de utilizar uma das passagens bíblicas, ou imagine-se na cena descrita na passagem. A cada vez, conte a Jesus o que vê e o que sente e espere que ele lhe diga alguma coisa.

Pobreza de espírito

Lucas 19,41-44

1 Coríntios 4,14-16

Nas Escrituras, não raro as lágrimas são o sinal exterior do enfrentamento da pobreza, da incapacidade de a pessoa controlar os outros, do desentendimento e da rejeição. Jesus chorou sobre Jerusalém pouco antes de morrer. Ele desejara atrair o povo para a dinâmica vida de amor que ele desfrutava com o Pai, mas eles não ouviram a paixão de seu coração, pois seus corações estavam ensurdecidos por julgamentos, preconceitos e opiniões preconcebidas (cf. Lc 19,41-44). São Paulo lutou terrivelmente com a comunidade de Corinto. Esses novos convertidos na primitiva cidade portuária de Corinto transformaram-se em uma comunidade em Cristo durante o ano e meio que Paulo ficara entre eles. Mas, em sua ausência, formaram-se facções, surgiu um comportamento amoral e o culto foi usurpado pelo egoísmo. Paulo escreveu com lágrimas a essa comunidade, percorrendo o mesmo terreno vezes sem conta, para que eles se enraizassem e se desenvolvessem em Cristo (cf. 1Cor 4,14-16).

Quando Jesus se aproximou de Jerusalém e viu a cidade, começou a chorar. E disse: "Se tu também compreendesses hoje o que te pode trazer a paz!" (Lc 19,41).

De fato, mesmo que tenhais milhares de educadores em Cristo, não tendes muitos pais. Pois fui eu que, pelo anúncio do Evangelho, vos gerei no Cristo Jesus (1Cor 4,15).

Intimidade em ocasiões nas quais nos sentimos ameaçados e amedrontados

Lucas 8,22-25
João 8,1-11

Quando estamos necessitados, em geral lembramos que Deus existe e provavelmente pode fazer alguma coisa para nos ajudar. Recentemente, vi em um para-choque os dizeres sinceros: "Enquanto houver provas, haverá orações nas escolas". Elevamos uma oração aos céus pedindo ajuda. Quando foram sacudidos pela tempestade repentina no mar da Galileia, os discípulos acordaram Jesus com as palavras: "Não percebes que vamos nos afundar?". Jesus se levantou e acalmou as águas. Ajudou-os a experimentar seu poder, quando eles pareciam à mercê da natureza (cf. Lc 8,22-25). À mulher que sofria a humilhação pública da acusação de adultério, Jesus ofereceu proteção da vergonha. Pôs-se no nível dela, inclinando-se e escrevendo no chão. Era uma conversa íntima entre a pecadora e o Salvador (cf. Jo 8,1-11).

> "Mestre! Mestre! Estamos perecendo!" Ele acordou e deu ordens ao vento e à fúria das águas. E a tempestade parou e veio a calmaria (Lc 8,24-25).

> "Mestre, esta mulher foi flagrada cometendo adultério [...]" Jesus, inclinando-se começou a escrever no chão, com o dedo (Jo 8,4.6).

Quando as coisas não dão certo

1 Reis 19,1-18
João 19,25-30

Para santos, profetas, seguidores de Jesus, discípulos obedientes do Senhor, as coisas nem sempre dão certo. De fato, não deram certo para Jesus. Quando a maré volta-se contra nós, é proveitoso refugiar-se nos relatos dos que procuram a face do Todo-Poderoso no meio da tempestade. Elias é um bom exemplo. Esse profeta de Javé fechara os céus, trazendo a seca para a terra, e chamara o fogo do céu em sua contenda com Baal. Trouxera os mortos de volta à vida e mandara reis à destruição, privando-os de poder e prestígio (cf. Eclo 48,1-11). Entretanto, perseguido pela aniquiladora Jezabel, ele foge para o deserto, dizendo: "Estou liquidado. Não sou melhor que ninguém". Um anjo lhe aparece e lhe dá comida e bebida para que viaje até Horeb. Ali Deus fala intimamente com ele em um sussurro, dando-lhe orientação (cf. 1Rs 19,1-18).

Maria é outro exemplo. Como toda mãe, ficara ao lado do filho, durante toda a vida dele. Sabia quem Jesus era, pois o anjo Gabriel lhe contara. Contudo, teve de assistir impotente, enquanto ele era malcompreendido, ridicularizado, perseguido e finalmente executado. Enquanto estava ao pé da cruz, o que deve ter-lhe passado pela cabeça? Dúvida? Este certamente não era o trono de Israel que o anjo prometera. Medo? O que aconteceria ao minúsculo movimento que ele iniciara? Era tão pequeno, tão novo, tão frágil. Raiva? Como eles podiam fazer isso com seu lindo filho? (cf. Jo 19,25-30).

Elias:

> "Agora basta, Senhor! Tira a minha vida, pois não sou melhor que meus pais." E, deitando-se no chão, adormeceu à sombra

do junípero. De repente um anjo tocou-o e disse: "Levanta-te e come!" Ele abriu os olhos e viu junto à sua cabeça um pão assado na pedra e um jarro de água. Comeu, bebeu e tornou a dormir. Mas o anjo do Senhor veio pela segunda vez, tocou-o e disse: "Levanta-te e come! Ainda tens um caminho longo a percorrer" (1Rs 19-4-7).

Maria ao pé da cruz:

> Junto à cruz de Jesus estavam de pé sua mãe e a irmã de sua mãe, Maria de Cléofas e Maria Madalena (Jo 19,25).

Cura interior

Antes de começar esta seção, talvez você deseje rezar com a contemplação de imagens mentais guiadas encontrada na página 19.

Medo, pânico e ansiedade tocam cada um de nós em certas ocasiões de nossa vida. Para alguns, essas emoções são especialmente assustadoras porque abrem a porta para um lugar de grande escuridão. Não admira que as palavras "Não temas!" e "Não tenhas medo" tenham sido escritas 365 vezes na Escritura. Em nossa frágil existência humana, precisamos de confirmações diárias da presença e do cuidado previdente divinos.

Deus está realmente presente em cada célula de nosso corpo e está tão perto de nós quanto nossa própria respiração. Respirar é tão essencial à vida espiritual quanto à vida física. Quando entramos em pânico, esquecemo-nos de respirar. E, assim, um jeito de nos lembrarmos de que estamos sempre na presença do Santo é parar, respirar e escutar.

Pare o que quer que esteja fazendo e ponha um fim na tagarelice de sua mente.

Respire profundamente. Feche a boca e inale profundamente pelo nariz, contando de um a quatro. Exale devagar, contando de um a seis. Você deve sentir a barriga movendo-se para fora e para dentro a cada respiração. Depois de ligeira pausa, repita o mesmo processo, concentrando-se na respiração. Mergulhe no silêncio criado pelas pausas entre as respirações.

Escute a voz da Santa Sabedoria vinda de seu íntimo.

Quando você começar a sentir a calma se instalando em seu corpo, talvez queira fazer uma oração sincera. Qualquer oração ou palavra serve, mas talvez você ache as palavras abaixo consoladoras. Elas podem ser rezadas em benefício próprio ou de outra pessoa:

> Que eu esteja seguro nos braços de Deus.
> Que eu seja acessível à presença inspiradora de Deus.
> Que eu seja sempre um instrumento de paz.

Capítulo 7

Corrija seu mundo interior
"Felizes os puros de coração"

Imaginar vividamente

As imagens são ricas fontes de inspiração; também confrontam diretamente nossos valores e comportamento com o chamado do Evangelho. Uma imagem recente que me veio, quando pedi a Deus que me mostrasse onde eu precisava de conversão, foi exatamente um desses confrontos. Na imagem, eu estava em uma peregrinação caminhando por uma região exuberante, perto de uma grande cidade que parecia brotar do vale inesperadamente. Estava anoitecendo quando deixei as flores e os pássaros para trás e me aproximei do que parecia ser um lugar desinteressante, superpovoado, poluído. Fui em frente, vendo as luzes se acenderem nas janelas, uma depois da outra, quando as ruas começaram a se esvaziar do tráfego complicado e das calçadas apinhadas de gente. Um amigo apareceu ao meu lado e, antes de prosseguir, disse só uma frase: "Nesta cidade você vai achar um guia".

Na cidade, procurei esperançosamente esse guia, enquanto me aventurava por uma rua central. Entretanto, em vez de continuar em direção aos prédios de escritório que erguiam os braços para o céu, vi-me enveredando por uma viela. No outro extremo da viela, virei à direita, depois logo à esquerda por uma ruazinha lateral cheia de latas de lixo e refugo e, então, me vi debaixo de uma grande ponte onde haviam acendido fogueiras para iluminar e esquentar. Esse era o "lar" de uma grande multidão que se encontrava ali todas as noites, não tendo outro lugar para ir, não fazendo parte da sociedade que morava nos arranha-céus que se estendiam para o alto.

Foi onde a encontrei, minha guia. Ela penteava os longos cabelos loiros ondulados, que caíam sobre as roupas simples e limpas que usava. Flores lhe embelezavam o cabelo, um sinal de beleza na óbvia pobreza à sua volta.

Essa sábia figura virou-se para mim e disse: "Você vive conforme os valores da cidade grande. Aqui vivemos segundo belezas simples e dependência total. Não passamos adiante de ninguém. Longas noites sem nada para comer ou ler. Sem ter listas do que fazer para conferir". "Desperdicei minha vida", falei sem pensar, surpreendendo até a mim mesma, pois ela tocara em algum reservatório de desejo bem no meu íntimo. Sorrindo, ela respondeu: "Não é tarde demais para fazer o voto de viver com os pobres, de ser totalmente dependente, de ser bela, de criar beleza". "Receio desaparecer, se eu fizer isso. Nenhuma condição social, nenhum endereço, nenhuma lembrança de mim, nenhum lugar no mundo, nenhuma presunção agitada."

Olhei em volta e notei uma multidão de santos, todos vestidos do mesmo modo que ela. "Junte-se a nós", eles insistiram. Com tristeza, murmurei: "Não posso. Rezem por mim".

A luta com dificuldades pessoais de qualquer tipo deixa suas marcas: rótulos com os quais vivemos, oportunidades perdidas, relacionamentos rompidos. Em alguns casos, parece que não podemos perder mais nada. Contudo, Deus pede que façamos exatamente isso. Temos de perder tudo que nos impede de ser simples de coração, até vivermos completamente em dependência livremente escolhida, em uma vida de belezas verdadeiras. Deus nos chama para fora das "cidades grandes" de nossas aspirações, para as pontes que abrigam quem não tem nenhum lar neste mundo. Achávamos que sobreviver a perda, fracasso, ou doença era uma façanha. Lutar com nosso ego na viagem descendente delineada pelo Cristo das bem-aventuranças é uma vocação muito mais turbulenta e exigente. Para os que a seguem, há uma paz criativa; o esplendor cerca tudo que eles são e fazem.

Contemplação

"Felizes os puros de coração" (Mt 5,8).

Adoro a tradução desta bem-aventurança na *Message Bible*: "És abençoado quando corriges teu mundo interior — tua mente e teu coração... (Mt 5,8 MSG). Mas há também como que um presságio nessa tradução. O processo de "corrigir" nossas atitudes, preferências e desejos leva-nos inevitavelmente a passar por perdas, escuridão, confusão, desordem — pois a maior parte do tempo somos pelo menos um pouco atraídos para coisas que não deixam nosso coração "perfeito".

Lembro-me de que nos dez primeiros anos depois de meu derrame, senti-me arrasada por altos e baixos, abatida a cada três anos. Entretanto, lembro-me com clareza de uma percepção íntima de que, ao lado dos sintomas maníaco-depressivos, havia uma luta misteriosa em meu coração entre procurar alcançar as estrelas e viver com os pés no chão — ilusão e realidade, orgulho e humildade, e uma ansiedade sobre o que eu perdera. Medicação, terapia e modalidades alternativas de cura controlam minhas oscilações de humor, mas Deus e eu ainda pelejamos com meus desejos desordenados.

Na vida espiritual existem fases. No início trabalhamos em nós mesmos, procurando assumir a mente e o coração de Cristo. Oração e leitura espiritual, os sacramentos e a leitura da Palavra de Deus, orientação espiritual e comunidade são fontes de força e contestação, canais de graça e transformação. Ao nos alimentarmos da presença de Deus que se manifesta por esses meios, trabalhamos ativamente para mudar nossos comportamentos, atitudes e valores, para que reflitam mais estreitamente a natureza de Deus. As nuvens escuras e tempestuosas do mal são gradativamente dispersas pelo esplendor daquele que habita o centro de nosso ser.

Entretanto, pelo modo de vida das bem-aventuranças, Deus começa a operar em nós. Elas nos revelam as atitudes mais em comum com o coração divino, atitudes que são dolorosamente contraculturais, para além de nossa capacidade. Nas bem-aventuranças, Jesus louva aqueles dos quais não raro temos pena, em especial se somos nós os tristes, pobres ou perseguidos. São os que Jesus diz se parecerem mais estreitamente com ele. São os que alcançaram a mais alta realização humana. São os que estão de posse do maior bem que os outros ainda não conseguiram alcançar.

No mundo das bem-aventuranças, Deus nos atrai com tanta força que voltamos os olhos exclusivamente para ele (longe de tudo o mais), consagrando-nos inteiramente à glória de Deus, Quando nosso olhar é trespassado pela glória de Deus, de modo que entramos no mistério de nossa existência, precisamos pendurar nas portas do coração uma grande placa de NÃO PERTURBE. A essa altura, Deus assume o comando. A fim de tornar nosso coração puro e limpo, ele nos convida para um longo período de escuridão, muito parecido com uma lagarta que produz uma crisálida e aguarda nas sombras de uma esperança em hibernação. Deus chega com uma grande máquina de terraplenagem e começa a trabalhar. Externamente, vamos sentir inesperada reversão: relacionamentos rompidos, desapontamentos, fracassos, doença e discórdia. Vai parecer que o tapete está sendo puxado debaixo de nossos pés. Na verdade está, pois Deus quer que procuremos alcançar nosso êxtase mais elevado: ansiar por ele, apegar-nos a ele com todo o nosso ser, não ter nada de nós mesmos a oferecer, ser totalmente dependentes dele para tudo: ser pobres de coração. Nosso coração se partirá enquanto máscara, ilusões e estruturas temporárias caírem no chão, mas nessa pobreza descobriremos abençoada liberdade.

Mesmo em meio a ruinosas circunstâncias, haverá uma luta decisiva entre o cinismo e a esperança. Em meio a lágrimas, clamaremos alternadamente com raiva e com a percepção abençoada de que dentro de nós surge alguma coisa que não é de nossa autoria. Deus se aproxima de nós e entra em nossa solidão para partilhá-la conosco, ficar solidário ao nosso lado em nossa dor, como o Senhor crucificado e ressuscitado, prometendo-nos vida.

Gentilmente permitiremos que uma tímida "nova criação" seja obtida de nosso coração. Ao abandonarmos nossos sonhos, preferências e expectativas passadas, adotaremos metas muito menores. Em vez de competir pelo primeiro lugar e pela primeira posição, descobriremos que o amor é o lugar mais recompensador de todos. Ficaremos livres de tudo que nos prende, porque percebemos que somos sempre e em toda parte amados por Deus. Porque encontramos nosso lugar no coração de Deus, já não precisamos de um lugar debaixo dos holofotes. Como pessoas humildes, construiremos e recriaremos situações. Como pessoas compassivas, tornamo-nos uma extensão do amor compassivo de Deus no mundo.

Ficamos mais fortes à medida que recusamos nos satisfazer com qualquer coisa menos que Deus. Porque o reinado e a primazia de Deus estabeleceram-se em nossa alma, recusamo-nos a aceitar a injustiça, a violência e a guerra. Tornamo-nos pessoas de justiça, pacificadores que trabalham para que a natureza de Deus se reflita na criação, impacientes com a impaciência de Deus quando as pessoas sofrem nas mãos do egoísmo dos outros. Trabalharemos pela vinda do Reino que Jesus Cristo anunciou, estendendo o poder de sua mensagem aos outros à nossa volta, com a fraqueza e a vulnerabilidade que lhe marcaram a vida.

Da escuridão da espera, a lagarta emerge como linda borboleta. Nas bem-aventuranças, Jesus diz que os pobres de espírito são felizes porque "deles é o Reino dos Céus" (Mt 5,3). Segundo Erasmo Leiva-Merikakis, os indivíduos das bem-aventuranças tornaram-se "membros do Reino que é Jesus".[1]

O sentido enfático de fazer parte põe os que vivem as bem-aventuranças "em paridade de condição com o próprio Rei... Com sua radical pobreza de existência, eles se tornaram régios como Jesus é régio, pois ele é o Rei que se despojou de tudo, exceto a obediência à vontade do Pai".[2] Assim como Jesus passa da morte, através da escuridão do túmulo, para a ressurreição, aquele que vive as bem-aventuranças passa pela

---

[1] LEIVA-MERIKAKIS, Erasmo. *Fire of Mercy, Heart of the Word; Meditations on the Gospel According to Saint Matthew*. San Francisco: Ignatius Press, 1996. p. 187. v. 1.
[2] Ibid., p. 187.

transformação radical de ser elevado da experiência de morte e espera, ressuscitado para uma vida de dependência.

O que outrora temíamos – nenhuma condição social, nenhum endereço, nenhuma lembrança de "mim", nenhum lugar no mundo, nenhuma presunção agitada – finalmente é por nós abandonado quando participamos da corrida da vida na companhia dos santos.

Analisar

- Durante a oração, você já recebeu direção relevante para sua vida? Qual foi esse conselho? O que mudou por causa dele?

- Em sua experiência, a oração é fonte de direção em meio às dificuldades? Como é isso?

- Como você responderia a alguém que dissesse: "Eu gostaria que Deus me dissesse o que fazer neste momento"? Acha que ele diz? Como?

- Já experimentou dentro de si a luta entre dependência e interdependência com os outros, entre importância e insignificância? O que isso significou para sua vida? Como encontrou, ou como poderia encontrar paz?

- Há aspectos de seu mundo interior de que gostaria que fossem "corrigidos"? Quais são eles? Já levou esse desejo à oração?

- A "ansiedade sobre o que você perdeu" é um problema para você?

- Cite algumas práticas que você cultivou na primeira fase de seu desenvolvimento espiritual que o ajudaram a crescer no relacionamento com Deus.

- Já experimentou alguns sinais de que Deus o está conduzindo no caminho das bem-aventuranças? Como é isso?
- Você está sendo atraído para valores contraculturais? Quais são eles? Como é essa experiência? Como os outros reagem? Que dificuldades está encontrando? Que recompensas?
- Como Deus está operando neste momento em sua vida? Está na hora de tirar suas mãos da alma e dar a ele todo o controle?
- A imagem da lagarta e da borboleta lhe diz alguma coisa? Está passando por uma etapa de crisálida na vida? Como é a espera? A escuridão?

Escutar

Feche os olhos e imagine-se em uma peregrinação. Poderia estar indo a um lugar favorito, um silêncio sagrado, uma cidade, a floresta ou um deserto. Enquanto caminha, outro peregrino se aproxima e promete que naquele lugar você descobrirá o caminho para uma vida mais santa, mais feliz. Deixe a imaginação levá-lo ao lugar de seu destino. O que vê? Quem você encontra? O que ouve? O que lhe dizem? O que sente? Qual é sua resposta?

Descansar

Descansar com estas passagens da Escritura aprofunda sua cura. A fim de se preparar para descansar profundamente no coração, onde a cura acontece realmente, repita a experiência da oração de escutar antes de utilizar uma das passagens bíblicas, ou imagine-se na cena descrita na passagem. A cada vez, conte a Jesus o que vê e o que sente e espere que ele lhe diga alguma coisa.

Multidão de testemunhas

Hebreus 11,13-40
Apocalipse 14,1-5

O livro de Hebreus contém um hino maravilhoso à fé dos que morreram antes de nós: os grandes indivíduos de fé, tais como Abraão, Sara, Jacó, Moisés, Raab, Davi e Samuel. Eles eram pessoas que mantinham os olhos focados no futuro, na cidade que Deus mantinha à espera deles. Tinham os olhos naquele que ninguém podia ver. Passavam por dificuldades a caminho do lugar de descanso que Deus preparara para eles. Conhecemos pessoas, talvez entre parentes ou amigos, que se encaixam nesse grupo de peregrinos (cf. Hb 11,13-40). É só no livro do Apocalipse que temos um vislumbre daquela cidade preparada para os que caminham pela fé e não pela visão. Vemos milhares de pessoas que levam na terra uma vida sem transigência, dedicada ao Senhor, ao Cordeiro de Deus e que agora seguem o Senhor onde quer que ele vá. São as primícias da colheita de Deus. Nessa cidade há um endereço para você, um lugar para você, um cântico que só você pode entoar em honra de Deus. Quando tiver de enfrentar dificuldades e maus-tratos, não tire os olhos daquele que o ama, embora seja invisível, e da multidão dos que antes de você seguiram o mesmo caminho e agora veem o que outrora desejaram ardentemente na fé (cf. Ap 14,1-5).

> Todos eles morreram firmes na fé. Não chegaram a desfrutar a realização da promessa, mas puderam vê-la e saudá-la de longe e se declararam estrangeiros e peregrinos na terra que habitavam. Os que assim falam demonstram estar buscando uma pátria, e se estivessem referindo-se à terra que deixaram, teriam oportunidade de voltar para lá. Mas agora eles desejam uma pátria melhor, isto é, a pátria celeste. Por isso, Deus não se envergonha

deles, ao ser chamado o seu Deus, pois até preparou uma cidade para eles (Hb 11,13-16).

Depois disso, eu vi: o Cordeiro estava de pé sobre o monte Sião e, com ele, os cento e quarenta e quatro mil que tinham o nome dele e o nome do seu Pai inscrito em suas frontes. Ouvi uma voz que vinha do céu; parecia o fragor de águas torrenciais e o estrondo de um forte trovão. A voz que ouvi era como o som de músicos tocando harpa. Estavam diante do trono, diante dos quatro seres vivos e dos anciãos, e cantavam um cântico novo (Ap 14,1-3).

O que mais conta na vida

Filipenses 3,7-11
Salmo 51

Uma das minhas passagens favoritas das cartas de São Paulo está na carta aos Filipenses. Paulo relaciona uma série de credenciais que teriam feito dele um dos líderes judaicos ativos que, obviamente, alcançaria o sucesso. Fala de seu legado, sua instrução, suas atitudes e realizações, sua virtude. Entretanto, no caminho de Damasco, Paulo encontrara pessoalmente Cristo ressuscitado, e tudo isso virou pó. Ele agora considerava essas coisas "lixo" – não só inferiores, mas imprestáveis o bastante para serem descartadas – em comparação com o que mais importava: conhecer Cristo e ganhar Cristo. Mas essa era, sem dúvida, uma luta que Paulo travaria vezes sem conta na vida, à medida que seu relacionamento com Cristo se aprofundava (cf. Fl 3,7-11).

O rei Davi, aquela figura maravilhosamente humana que Deus tanto amou, travou, como todos nós travamos, a luta interior do que mais conta na vida. Enfeitiçado pela beleza da esposa de outro homem, decidiu dormir com ela, e assassinou seu marido quando ela o informou de que estava grávida. As primorosas estrofes do Salmo 51 são tradicionalmente entendidas como a expressão da tristeza de Davi ao perceber de outra forma o que conta na vida.

> Mas essas coisas, que eram ganhos para mim, considerei-as prejuízo por causa de Cristo [...] julgo que tudo é prejuízo diante deste bem supremo que é o conhecimento do Cristo Jesus, meu Senhor. Por causa dele, perdi tudo e considero tudo como lixo, a fim de ganhar Cristo (Fl 3,7-8).
>
> Ó Deus, tem piedade de mim, conforme a tua misericórdia; no teu grande amor cancela o meu pecado. Lava-me de toda a minha culpa, e purifica-me de meu pecado (Sl 51,1-4).

Cura interior

Antes de começar esta seção, talvez você deseje rezar com a contemplação de imagens mentais guiadas encontrada na página 19.

Uma de minhas frases favoritas vem de uma humilde freira enclausurada que se tornou grande santa: Teresa de Lisieux. Ela disse que o valor da vida depende não do lugar que ocupamos, mas da maneira como ocupamos esse lugar. Essas palavras são um reflexo direto da primeira bem-aventurança encontrada no Evangelho de Mateus: "Felizes os pobres no espírito" (Mt 5,3). De fato, todas as bem-aventuranças baseiam-se nesse chamado para ser pobre em espírito. Traduzida em contextos modernos, essa bem-aventurança significa que nossa vida não pode ser adequadamente medida pelo acúmulo de poder, prestígio ou bens. Em vez disso, nosso verdadeiro valor vem de sermos filhos amados de Deus que sabem como responder com gratidão a Deus e como servir a nossos irmãos e irmãs. Ser pobre em espírito requer uma contínua avaliação de pensamentos, desejos e motivações – todos os movimentos interiores de nosso coração.

Uma das melhores maneiras de zelar por nosso coração é fazer todo dia algum tipo de exame de consciência. Esse exame nos ajuda a monitorar os motivos de nossas escolhas e ações. Por exemplo, poderíamos nos perguntar: "Estou respondendo à vida com base no espírito das bem-aventuranças ou nas mensagens que assimilo de anúncios e da televisão?"; "Sob o disfarce de meu projeto voluntário, há uma tentativa sutil de obter uma posição de prestígio?"; "Sou motivado pelo amor por mim mesmo e pelos outros, ou há mais alguma coisa acontecendo em meus relacionamentos?". O exame é um instrumento maravilhoso em nosso crescimento em direção ao autoconhecimento.

O exame de consciência foi formulado inicialmente por Santo Inácio no século XVI, quando ele criou os *Exercícios espirituais*, que hoje ainda são proveitosos para quem deseja crescer na vida espiritual. Com o passar dos anos, a maneira de fazer o exame foi simplificada para os que levam vidas atarefadas.[3] É tão fácil quanto toda noite dedicar algum tempo para fazer duas perguntas simples:

> Pelo que sou mais grato hoje? Por qual momento sou menos grato hoje?
> Ou: Quando dei e recebi mais amor hoje? Quando dei e recebi menos amor hoje?

Ao fazer o exame, dedico tempo para expressar gratidão pelas bênçãos recebidas e olho dentro de mim mesma para

---

[3] Veja: LINN, Dennis; LINN, Sheila Fabricant; LINN, Matthew. *Sleeping with Bread; Holding What Gives You Life*. Mahwah: Paulist Press, 1994. [Ed. bras.: *Como questionar a vida com sabedoria*. Campinas: Verus, 2002.]

perceber o que se passava durante o tempo em que fui menos grata. Eu estava tentando controlar? Tive ciúme do que os outros receberam? Fiquei contrariada por não ser cumprimentada por trabalho feito? Fiquei presa ao desejo de poder, bens, prestígio? O objetivo aqui não é culpar-me nem culpar os outros, mas suavemente trazer à tona o que estava oculto aos meus olhos, embora afetasse minha vida e meus relacionamentos. A parte mais importante do exame é levar o que aprendi sobre meu coração para a amorosa presença de Jesus. Não podemos mudar nada em nós mesmos sem essa profunda consciência.

Capítulo 8

Encontre Deus em lugares inesperados
"O Senhor vai passar"

Imaginar vividamente

Em retiro recente eu lutava com as muitas horas que se estendiam pela semana, as quais estavam disponíveis para oração e reflexão. Eu estava inquieta. Não conseguia ficar quieta sentada por mais de vinte minutos de cada vez. Sentia que ia desperdiçar essa preciosa semana de retiro. Estava preocupada porque não conseguia arranjar, orquestrar e completar esse retiro. De fato, naquele momento eu não conseguia entender o mistério que a melhor oração é simplesmente ficar atento ao Senhor quando ele passa.

Certa manhã, estava sentada na capela constrangida, para uma de minhas "maratonas de vinte minutos". Fechei os olhos e me imaginei sentada perto de Jesus. Estávamos sentados lado a lado na margem de um lindo lago. Eu estava dolorosamente consciente do peso de minha defensiva e da ansiedade que eu não conseguia reduzir. Em minha imaginação, Jesus levantou-se, mergulhou no lago e nadou até a outra margem. Decidi segui-lo. Quando finalmente alcancei o outro lado e saí na margem, estava ensopada e com frio.

Jesus cobriu-me com um manto para manter-me aquecida. Quando vi a veste que ele me dera, percebi que era exatamente igual à dele. Sentamo-nos juntos do outro lado do lago, um lugar de transformação ao qual ele me trouxera. Eu não o merecera, não o imaginara nem fora instruída a respeito. Simplesmente fora trazida ali.

Nas semanas que se seguiram ao retiro, comecei a aprender o que esse lugar de transformação representava. Certamente não representava perfeição. Essa fora a cilada de minha vida. Era um lugar onde havia começado a consentir em experimentar minha humanidade, cansaço, raiva, desejo e hipocrisia – embora isso fosse frustrante e embaraçoso –, de modo que pude permitir que a "veste" dos pensamentos, atitudes e desejos de Jesus aparecessem e o lixo fosse levado embora. Em vez de tentar parecer íntegra, ou fabricar integridade, desci à escuridão de uma dinâmica interna muito confusa. Ao ficar com a ansiedade, acabei por descobrir que estava presa ali, que no centro da mansão de minha alma sou habitada pelo Deus que me ama e sustenta. Não preciso alcançar a perfeição. Só preciso estar em harmonia com meu divino Mestre que me transforma nele mesmo.

Contemplação

"O Senhor vai passar" (1Rs 19,11).

Elias é um profeta veterotestamentário pitoresco e grandioso que labuta através do reino de Acab, rei de Israel, alternadamente destemido e amedrontado, corajoso e desesperançado. Tudo considerado, um sujeito muito humano, que sabia acompanhar a presença de Deus.

Uma história importante do ciclo de Elias é seu desafio aos 450 profetas de Baal. Ele reúne o povo de Israel e diz:

"Quando ides decidir quem cultuareis como Deus: o Deus de Israel ou Baal? Decidi-vos e segui o Deus que é o Deus verdadeiro. Não sejais enganados por um impostor. E para ajudar-vos teremos uma competição. Vinde ao monte Carmelo. Os profetas de Baal e também eu prepararemos um sacrifício para nossos respectivos deuses. Cada um de nós invocará nosso Deus. O Deus que responder, enviando fogo para consumir o sacrifício, provará ser o Deus verdadeiro".

O povo concorda que, para eles, isso resolveria a questão de uma vez por todas. Assim, todos se reúnem no monte Carmelo. É uma passagem fascinante que descreve os acontecimentos daquele dia (cf. 1Rs 18,25-39). Elias deixa os profetas de Baal agirem primeiro. Eles preparam o sacrifício e depois rezam a seu deus. "Baal, ouve-nos!" Nada. Então rezam mais alto. Nada. Dançam, pulam e batem no altar. Nada. Elias zomba deles: "Gritai mais alto. Talvez ele esteja dormindo!". Por mais que tentem, os profetas não conseguem forçar uma resposta dos céus. Nenhum fogo aparece. Nada. Eles exigem que seu deus apareça e atue pelo bem deles. Nenhum deus aparece.

Então, Elias chama o povo para perto do altar que ele construíra para o Deus de Israel. Prepara o sacrifício. Derrama água até o sacrifício ficar ensopado e a água ser tão abundante que encheu um rego ao redor do altar. E ele reza. Não grita. Não dança. Não pula nem bate. Simplesmente diz: "Ó Deus, mostra hoje que tu és Deus em Israel e que eu sou teu servo. Revela a este povo que lhe dás outra oportunidade para que se arrependa". Imediatamente o fogo de Deus cai sobre o altar e consome o sacrifício. O povo prostra-se com o rosto em terra e adora a Deus.

Elias sabia como Deus agia. Sabia por que Deus agia. E sabia que Deus era fiel. Estava em harmonia com o que Deus desejava. Simplesmente lhe pediu para realizar seus desejos. E todo o povo sabia que estava na presença de Deus quando exclamou: "Tu és o Deus verdadeiro de Israel!".

Ora, essa exibição da glória de Deus não deu a Elias amizade com os poderes políticos da época. De fato, agora sua vida está em perigo. Por isso ele foge para Bersabeia, bem ao sul de Judá, e depois viaja sozinho para o deserto. Ali ele desfalece e pede para a morte pôr um fim a seus problemas. Um anjo o toca e lhe diz para levantar-se e comer alguma coisa, pois tem um caminho longo a percorrer. O profeta forte do monte Carmelo está agora sem forças para se sustentar. O anjo dá a Elias um pão e um pouco de água. Nutrido com esse alimento, ele caminha quarenta dias até o monte Horeb. É outro nome do monte Sinai – onde o Senhor fez uma aliança com seu povo: ele seria seu Deus e eles seriam seu povo.

Ali, naquela altura sagrada, Elias fica de pé diante do Senhor, como havia muito tempo Moisés ficara. E Deus passa. Não no vento impetuoso e forte, nem no terremoto devastador ou no fogo mortal. Deus está em um som de puro silêncio, mais literalmente no "murmúrio de uma leve brisa" (1Rs 19,12), a única vez que essa frase ocorre no Antigo Testamento. Quando Elias ouve o silêncio, cobre o rosto com o manto. Sabe que está na presença de Deus.

Elias estivera no ápice do poder religioso e nas profundezas do desalento; fora o mensageiro de Deus e tivera de esperar a chegada de Deus nos termos divinos; correra da lei e correra para os braços de Deus. Elias não viveu essas experiências insensivelmente. Vibrou em exaltação, mergulhou no desespero, esbravejou, e esperou em silêncio; temeu por sua vida e desistiu da vida. Também nós vivemos experiências que nos forçam a encarar psicodinâmicas complexas. A maneira como passamos pela vida é posta em dúvida quando atravessamos o deserto, escalamos um monte ou atravessamos o lago a nado. Onde outrora julgávamos estar certos, percebemos estar errados. Na segunda metade da vida, percebemos cada vez mais que temos de desdizer tudo o que pontificamos na primeira metade da vida. Descobrimos as feias motivações por trás de nossas boas ações e nosso espancamento moral dos outros. Temos de estar dispostos a ser vestidos de outra forma no manto de Jesus, ser alimentados pelo anjo no deserto, ser encontrados por Deus em lugares inesperados e de maneiras desconhecidas.

À medida que Deus e nós estamos cada vez mais presentes um para o outro, aprendemos a ser serenos, a aceitar o fluxo da vida, a reconhecer o poder curativo do amor que ergue o universo em seus braços. Descobrimos que a vida é boa em toda a sua desordem, toda a sua imperfeição, e todas as suas transformações atrapalhadas.

Analisar

- Como você define a oração? Seu entendimento da oração mudou com o passar dos anos? Qual foi o catalisador dessa mudança?

- Já experimentou a oração como "presença concentrada"? As palavras fitar, escutar, aprender, amar, ansiar descrevem essa experiência de presença para você? Ou você usaria outras palavras?

- Já teve uma experiência com Deus na qual sentiu o desejo de dar tudo a ele? Deus já pediu tudo de você? Consegue falar sobre o que isso significaria para sua vida? Que tipo de sentimentos isso provoca em você?
- Concorda que a melhor oração é simplesmente ficar atento a quando Deus "vai passar"? Pode relatar alguma experiência nesse sentido?
- A imagem de Jesus atravessando o lago a nado evoca transformação ou transição. Que outras imagens são transformadoras para você?
- Como Deus lhe pediu para mudar? De que jeito foi isso? Que dádivas você recebeu nesse processo?
- Se Jesus o vestisse com um manto semelhante ao que ele estivesse usando, como seria esse manto? O que simbolizaria?
- Qual é a diferença entre perfeição e transformação? Por que às vezes a transformação é tão difícil? Por que cria ansiedade?
- Você permanece calmo quando surgem sentimentos desconfortáveis para que eles se acomodem e lhe revelem seus segredos? O que aconteceria se você fizesse isso? Você tem maneiras mórbidas de expressar ou experimentar sentimentos?
- No livro *Castelo interior*, Santa Teresa d'Ávila fala que Deus habita a morada mais íntima de nossa mansão interior. Como você imagina essa morada? Quando você entra nela, o que sente? O que quer fazer? Como é a presença de Deus?
- Já tentou fazer Deus atuar como os profetas de Baal – para provar a si mesmo? O que aconteceu? O que foi diferente na abordagem de Elias?

- Descreva sua experiência do monte Horeb – quando Deus mostrou-se a você. Foi no poder? Na tranquilidade? Na beleza? No silêncio?
- Você concorda que a vida, em toda a sua desordem, é boa? Por quê, ou por que não?

Escutar

Em um lugar tranquilo, reserve algum tempo para pensar em sua vida como ela é neste momento. Faça uma lista de acontecimentos. Ao relacioná-los, observe suas reações físicas a cada um desses acontecimentos. Faça uma lista dessas reações. Desenhe uma imagem simples de si mesmo nessa época da vida. Relacione os sentimentos que surgem em seu coração. Agora, em um lugar tranquilo, sente-se com Jesus às margens de um lago. Diga-lhe como se sente. Observe a reação dele. Ele o está encarando? O que dizem os olhos dele? Como ele lhe demonstra estar escutando? Depois de algum tempo, ele se levanta. Siga-o. Talvez ele atravesse o lago a nado. Talvez ele comece a atravessar um campo ou seguir uma trilha na floresta ou escalar uma encosta de montanha. Siga-o até esse novo lugar em sua vida e em seu relacionamento com ele. Quando chegar ao novo lugar, preste atenção ao que Jesus diz e aos símbolos que ele usa para falar com você.

Descansar

Descansar com estas passagens da Escritura aprofunda sua cura. A fim de se preparar para descansar profundamente no coração, onde a cura acontece realmente, repita a experiência da oração de escutar antes de utilizar uma das passagens bíblicas, ou imagine-se na cena descrita na passagem. A cada vez, conte a Jesus o que vê e o que sente e espere que ele lhe diga alguma coisa.

A presença permanente

Êxodo 24,9-18
Lucas 1,26-38

Quando o povo escolhido que fugia da escravidão egípcia chega ao monte Sinai, o Senhor convida Moisés, Aarão e os anciãos de Israel para subir ao monte. Depois de contemplarem Deus e comerem e beberem em sua companhia, Moisés sobe sozinho mais uma vez para esperar que Deus escrevesse em tábuas de pedra a lei e os mandamentos que ia dar a seu povo. Quando Moisés sobe à montanha, uma nuvem desce sobre o monte Sinai. A nuvem cobre a montanha e o Senhor fica ali. Mais tarde, quando Moisés ergue a tenda do encontro de acordo com o plano que recebeu na montanha, a nuvem volta a cobrir o santuário e a glória de Deus o enche. O Senhor toma posse de seu santuário. Promete habitar com seu povo nesse lugar santo (cf. Ex 24,9-18). Quando o anjo anuncia a Maria que ela será a mãe do Filho de Deus, ele lhe diz que de uma forma misteriosa ela será como o Templo no qual descansa a glória do Senhor: "A sombra do Espírito Santo te cobrirá e teu filho será o Filho de Deus" (cf. Lc 1,26-38).

> Quando Moisés subiu ao monte, a nuvem cobriu o monte. A glória do Senhor pousou sobre o monte Sinai, e a nuvem o cobriu durante seis dias. No sétimo dia chamou Moisés do meio da nuvem. A glória do Senhor aparecia aos israelitas como um fogo devorador sobre o cume do monte (Ex 24,15-17).
>
> O anjo respondeu: "O Espírito Santo descerá sobre ti, e o poder do Altíssimo te cobrirá com a sua sombra. Por isso, aquele que vai nascer será chamado santo, Filho de Deus (Lc 1,35).

Em perfeita sintonia com o Pai

Marcos 15,25-39
Marcos 16,1-20

Em outra montanha na Escritura, as pessoas exigem: "Mostra-nos o poder de Deus. Desce dessa cruz e acreditaremos que tu és o Filho de Deus!". Essa montanha é o monte Calvário (cf. Mc 15,25-39). Entretanto, Jesus é como Elias – está em perfeita sintonia com o coração de seu Pai. Jesus não exige que seu Pai apareça para justificá-lo na frente do povo. Está comprometido com o plano delineado pela Trindade para a salvação do mundo. À custa de sua vida, à custa de provar a si mesmo na frente dos que haviam exigido sua morte, permanece fiel a esse plano. Acredita que o Pai estará lá para ele e para todos nós, mesmo em face de silêncio e ausência, quando ele já não sentisse a presença do Pai ou o amor dele (cf. Mc 16,1-20).

> Eram nove horas da manhã quando o crucificaram. O letreiro com o motivo da condenação dizia: "O Rei dos Judeus"! Com ele crucificaram dois ladrões, um à direita e outro à esquerda. Os que passavam por ali o insultavam, balançando a cabeça e dizendo: "Ah! Tu que destróis o templo e o reconstróis em três dias, salva-te a ti mesmo, descendo da cruz" (Mc 15,25-30).

> Entraram, então, no túmulo e viram um jovem sentado do lado direito, vestido de branco. E ficaram muito assustadas. Mas o jovem lhes disse: "Não vos assusteis! Procurais Jesus, o nazareno, aquele que foi crucificado? Ele ressuscitou! Não está aqui! Vede o lugar onde o puseram! Mas ide, dizei a seus discípulos e a Pedro: 'Ele vai à vossa frente para a Galileia. Lá o vereis, como ele vos disse!'" (Mc 16,5-7).

Uma voz para mim
>   Marcos 9,2-13
>   Lucas 5,1-12

Deus fala em todo o Antigo Testamento. Fala a Adão e Eva no jardim, a Caim e Abel, Abraão, Isaac, Jacó, José, Moisés e aos profetas. Fala com Jesus e este fala com pessoas nos Evangelhos (cf. Mc 9,2-13). Deus surge inesperadamente na vida dos apóstolos e dirige-se diretamente a eles (cf. Lc 5,1-12). Ele deve ter uma voz também para mim. Justamente por sua natureza, Deus se comunica conosco. Não pode ficar calado e negar sua vida e seu amor. Ele nos atrai à comunhão. Essa intimidade entre Deus e nós exige um sentido bíblico do tempo – amplo, generoso, livre, inteiro. Não podemos aparecer e dizer a Jesus: "Está bem, dou-lhe vinte minutos a contar de agora" e, então, pôr um alarme para indicar o fim da conversa, como se fosse uma partida de luta romana. Como qualquer outro, esse relacionamento só cresce quando lhe damos tempo.

> Seis dias depois, Jesus levou consigo Pedro, Tiago e João e os fez subir a um lugar retirado, no alto de uma montanha, a sós. Lá, ele foi transfigurado diante deles. Sua roupa ficou muito brilhante, tão branca como nenhuma lavanderia na terra conseguiria torná-la assim [...] Desceu, então, uma nuvem, cobrindo-os com sua sombra. E da nuvem saiu uma voz: "Este é o meu Filho amado. Escutai-o!" (Mc 9,2-3.7).
>
> Jesus disse a Simão: "Não tenhas medo! De agora em diante serás pescador de homens!" Eles levaram os barcos para a margem, deixaram tudo e seguiram Jesus (Lc 5,10-11).

Cura interior

Antes de começar esta seção, talvez você deseje rezar com a contemplação de imagens mentais guiadas encontrada na página 19.

Deus vai passar... A oração é acima de tudo uma tentativa de estar presente para o Deus que está comigo agora. Quanto mais atento estou ao momento presente, mais reconheço que estou a salvo e seguro na presença de Deus, consequentemente mais serei capaz de aceitar a mim mesmo como sou e ser de verdade quem sou mais intensamente. Paro de procurar defender as máscaras que meu ego usa.

Quando estamos deprimidos, cansados, ansiosos, sobrecarregados de trabalho ou simplesmente aborrecidos, inclinamo-nos a olhar para tudo através de óculos escuros. Esse modo de ver faz-nos descer em espiral para um abismo profundo. A esperança e a transformação parecem completamente fora de nosso alcance.

Uma das melhores maneiras de mudar nosso jeito de ver e ser é desenvolver uma atitude de gratidão. Lembro-me claramente do dia em que me deparei com o sábio conselho do místico dominicano Mestre Eckhart: em toda a nossa vida, só uma oração é completamente essencial: "obrigado". Eu estava me sentindo engasgada, incapaz de rezar e sem esperança de algum dia mudar a mim mesma. Pensei que essa oração era algo que eu podia fazer. É uma coisa que todos podemos fazer.

Pare várias vezes durante o dia e simplesmente esteja presente para o momento. Deus está aqui. Posso ser agradecido? Posso ver as bênçãos que me cercam?

Comece um diário de gratidão para registrar toda noite pelo menos cinco coisas pelas quais está grato. Embora essa possa parecer uma prática simples, ela nos proporciona benefícios extraordinários. Muda nosso modo de ver e, da próxima vez que Deus passar, estaremos prontos para reconhecer a presença divina em nossa vida e ficar mais em paz com quem ele nos criou para sermos.

Capítulo 9

O segredo da beleza, do amor e da segurança

"Alegra-te, cheia de graça! O Senhor está contigo."

Imaginar vividamente

A esperança expande-se em nossa vida quando levamos nossa história, nossas experiências, nossos sentimentos para nossa intimidade com o Senhor. Com demasiada facilidade podemos cair na armadilha da compartimentalização – manter nosso relacionamento com Deus e nosso crescimento espiritual separados de uma briga com o cônjuge, de frustrações no trabalho ou da dor que ainda carregamos de uma infância abusiva. Deus não gosta de ser guardado em uma caixa. Anseia por envolver-se na "essência" de nosso sofrimento ou, para usar outra metáfora, muitas vezes Deus e nossa vida estão em duas ilhas separadas. Como construímos uma ponte para Jesus atravessar correndo a fim de nos abraçar e pela qual levar nosso coração fatigado para dá-lo ao Senhor?

Um dia deixei a mente vagar pelas mudanças em minhas atitudes e meu comportamento durante os últimos anos. Uma colega notara que eu me tornara controladora, enquanto me esforçava para criar ordem em uma situação caótica. Embora soubesse que ela estava certa, eu dispensara o comentário porque não entendia a dinâmica que estava levando a essa mudança em meu estilo de liderança. Era difícil demais reconhecer essa mudança negativa em mim mesma.

Quando pedi a Jesus para ajudar-me a entender o que acontecia dentro de mim, uma lembrança da infância surgiu em minha mente. Eu tinha doze anos e estava em casa com minha irmã e meu irmão, enquanto meus pais tinham saído. Julgamos que havia um morcego no porão e meu irmãozinho decidiu descer e cuidar da situação. Como eu era "a responsável", disse-lhe que ele não podia e seguiu-se uma grande discussão. Enquanto pensava na história, lembrei-me dos sentimentos de terror: como me senti ameaçada pela sensação claramente exagerada de ruína criada pelo que veio a ser um passarinho, o medo de meter-me em apuros se alguma coisa acontecesse, o sentimento caótico de que tudo ia sair do controle se meu irmão não fizesse o que eu dizia.

Esse pequeno acontecimento onde servi de babá foi um microcosmo da "transformação em catástrofe" que muitas vezes marca nossa abordagem a situações. Ao analisá-la, percebi a programação emocional que fundamentava minha recente mudança de comportamento. A experiência também cristalizou em história alguns filtros emocionais maiores que desviavam a realidade de um modo ainda mais generalizado em minha vida.

Contemplação

"Alegra-te, cheia de graça! O Senhor está contigo" (Lc 1,28).

Maria também era jovem quando uma coisa impressionante lhe aconteceu. Em vez de um morcego na casa, certo dia um anjo surgiu em seu quarto. Procurando ver além das bem conhecidas interpretações pomposamente exaltadas da anunciação, imagino um anjo aproximando-se de uma adolescente, segurando-lhe as mãos, olhando em seus olhos com grande alegria e dizendo com ternura: "Maria, bom--dia. Tenho uma notícia especial para ti. És tão bela, tão cheia de graça, e Deus me enviou para dizer-te uma coisa maravilhosa".

As Escrituras dizem que Maria ficou amedrontada. Provavelmente é um eufemismo. O mundo simples que ela conhecia acabara de ser sacudido por uma coisa extraordinária. Quando anjos apareciam a seus ancestrais judaicos, isso significava que Deus intervinha de um modo solene, que mudava a história. Maria era apenas uma adolescente. Naturalmente, ela se perguntou o que essa saudação significava.

Seu passo seguinte foi muito humano: ela tentou entender o significado das palavras do anjo. Este, porém, interrompeu-a imediatamente e lhe disse para não temer. Deus ia fazer algo. Deus tinha uma surpresa. Ela ia ser a mãe do Filho de Deus que governaria o reino de Davi para sempre. Talvez seu primeiro pensamento fosse para José, de quem ela estava noiva. Maria fez uma exclamação, dessa vez procurando imaginar o que precisava fazer, pois parecia que os planos de Deus e seus planos anteriores de vida não se harmonizavam. Mais uma vez o anjo a tranquilizou: "Deus o fará. O poder do Altíssimo te cobrirá com sua sombra e o teu filho será o Filho de Deus".

Adoro a resposta dela conforme a *Message Bible*: "Sim, agora entendo tudo. Sou a serva do Senhor, pronta para servir" (Lc 1,37). Em outras palavras: "Entendo. Deus é o responsável aqui. Eu só preciso cumprir meu dever".

E assim Maria continuou a ser a humilde mulher de fé e confiança infinita em Deus, desde o nascimento de Jesus em um estábulo até sua morte na cruz; desde o templo onde Samuel lhe disse que seu coração seria transpassado de tristeza até conversa pública quando Jesus disse aos discípulos que agora eles eram sua mãe, seus irmãos, suas irmãs; desde o milagre nas bodas de Caná até o primeiro vislumbre que ela teve dele depois da ressurreição.

Como o anjo lhe dissera, ela era bela por dentro e por fora – cheia de graça. Ela estava a salvo. Não precisava ter medo. Essa certeza absoluta de ser amada, querida e protegida permitiu-lhe continuar a ser simplesmente ela mesma durante as glórias e o sofrimento do resto de sua vida.

Ao contrário de Maria, muitos de nós temos um medo profundo de não ser digno de amor, não ser bastante bom e de ser posto de lado se alguém descobrir. É esse medo que nos faz cultivar um estilo de vida defensivo para nos proteger. Criamos hábitos de fazer valer nossos direitos, dizendo aos outros o que fazer, trabalhando demais para assegurar o sucesso, brilhando para chamar a atenção, flertando para assegurar o amor. Esses hábitos entram em ação sempre que nos sentimos ameaçados ou acabrunhados, até quando percebemos que não são para nosso benefício.

Podemos rezar nos colocando nos acontecimentos das Escrituras, de modo a permitir que Deus cure nossas ansiedades e não fiquemos na defensiva. Fechando os olhos, imaginei o anjo Gabriel vindo até mim no meio da discussão com meu irmão. Deixei-me sentir a raiva que sentira aquele dia, quando ele passou por mim para descer a escada. À medida que a raiva retrocedia, comecei a sentir-me dominada pela ansiedade. Eu tinha de manter as coisas fora de mim sob controle, a fim de manter o controle sobre meu mundo interior. "Faça do meu jeito. Sem caos!" Sentei-me com a ansiedade até que ela também se extinguiu. Então, percebi como eu transformara a possibilidade de um morcego no porão em um monstro enorme que ameaçava nossas vidas. A sensação de ruína iminente me inundou e eu mal conseguia respirar. Fiquei assoberbada com a responsabilidade de proteger outros da morte certa. Como uma criança, desalentada fisicamente, apeguei-me ao anjo. Gradativamente, ouvia-lhe a voz: "Kathryn, tenho para você a mesma mensagem que eu tinha para Maria. Você é bela, cheia de graça. Deus a ama. Você está a salvo". Rezei com essas palavras muitos dias. Deus me faz bela e digna de amor e me protege. Não preciso inventar uma simulação de beleza, amor ou segurança por meio de controle, poder ou sucesso porque me vejo através dos olhos dele.

Com o tempo pude ver que, como Maria, eu podia ir pela vida sem ficar sempre afastando o fracasso, as críticas ou a mediocridade. Como a dela, minha vida conteria desapontamentos, caos e sofrimento e eu não seria destruída. Eu não tinha de temer que tudo isso me destruísse, porque aprendera com ela o segredo da beleza, do amor e da segurança.

Analisar

- Como você traz à oração sua vida, seus sentimentos, os movimentos de seu coração? Pede ajuda a Deus? Busca sentido? Conversa com Deus sobre sua experiência e pede-lhe orientação? O que é especial para você e sua relação com Deus?

- Sente alguma compartimentalização entre Deus e sua experiência de vida cotidiana? Entre o que você vê de bom e de ruim, aceitável ou inaceitável em si mesmo? Entre sua cabeça e seu coração, seus pensamentos e sentimentos? O que aconteceria se houvesse mais integração em sua vida?

- Já pediu a Jesus para ajudá-lo a entender o que estava acontecendo em sua vida ou com seus sentimentos? O que aconteceu quando fez isso? Se não fez, o que o impede?
- Alguém lhe fez recentemente uma observação sobre sua atitude ou comportamento? Qual é seu método para processar esse tipo de opinião?
- Já notou alguma ligação entre suas atitudes, reações e comportamentos de adulto e um incidente específico de sua infância? Que chaves para a transformação ela lhe deu?
- Feche os olhos e ouça Deus lhe dizer: "Você é belo, cheio de graça. Deus o ama. Você está a salvo". Qual é sua reação "emocional" a essa mensagem?
- Como você procura provar sua beleza e bondade? De que maneira procura merecer ou atrair amor? O que faz quando se sente inseguro e ansioso? Como sua vida mudaria, se você se convencesse de que está a salvo nas mãos de Deus e pudesse abandonar esses comportamentos?

Escutar

Com ajuda das passagens bíblicas a seguir, traga alguma coisa de sua vida para sua intimidade com o Senhor. Abaixo há um método sugerido que você pode adaptar a suas necessidades. Você vai precisar de um diário ou uma folha de papel e uma Bíblia.

No diário, escreva o acontecimento que deseja levar ao Senhor em oração. Enquanto escreve, preste atenção a suas reações físicas. Faça uma lista de: pontadas na cabeça, aperto no estômago, dificuldade para respirar etc. Em seguida, usando figuras adesivas simples, coloque-se na situação da maneira como se sente. Acrescente palavras à imagem, se isso ajudá-lo a perceber como a situação o faz sentir-se. Faça uma lista completa desses sentimentos: irritado, ansioso, solitário, amedrontado, em dúvida etc. Identifique uma ocasião em que se sentiu assim quando criança. Sem pressa, deixe a lembrança vir à tona. Imagine-se fazendo parte dessa lembrança. Depois, leia uma passagem da Escritura que o ajude a apresentar esses sentimentos a Jesus (veja alternativas sugeridas na página seguinte). Seja participante ativo da história, parábola ou evento. Você pode representar alguém da própria passagem bíblica ou ser um espectador daquele tempo, ou pode ser você mesmo como adulto ou criança interagindo com Jesus no contexto da passagem bíblica. Deixe a história se desenrolar, seguindo o caminho dela mesma. Jesus lhe dará orientações e diretrizes. Enquanto reza, observe seus impulsos afetivos. O exame minucioso desses sentimentos lhe proporcionará muitas informações reveladoras sobre sua personalidade e sobre o processo pelo qual o Evangelho questiona, corrige e ajusta nosso espírito.

Zaqueu sobe em uma árvore	Lucas 19,1-10
Quem é o maior?	Marcos 9,33-37
A mulher unge os pés de Jesus	Lucas 7,36-50
Jesus caminha sobre as águas	Mateus 14,22-36
Jesus no jardim	João 20,1-18
O publicano e o fariseu	Lucas 18,9-14
Paulo encontra Jesus	Atos 9,1-19

A transfiguração	Marcos 9,1-8
O lava-pés	João 13,1-17
A tentação no deserto	Mateus 4,1-11
A ovelha perdida	Lucas 15,1-7
O filho pródigo	Lucas 15,11-32
A pesca milagrosa	Lucas 5,1-11

Cura interior

Antes de começar esta seção, talvez você deseje rezar com a contemplação de imagens mentais guiadas encontrada na página 19.

No livro *Hinds' Feet on High Places* [Patas de corças em lugares altos], Hannah Hurnard conta a história de uma jovem chamada Muito Amedrontada que foge de seus parentes Temerosos, a fim de seguir o Bom Pastor. A sua é uma viagem interessante, mas difícil, na qual ela enfrenta coisas sobre si mesma que escondem sua verdadeira identidade e atrapalham sua capacidade de escalar a Montanha Alta. Por fim, ela enfrenta a verdade sobre si mesma e recebe um nome novo. Ela não é mais Muito Amedrontada. Agora se chama Graça e Glória.

Essa história é uma alegoria da viagem que cada um de nós tem de fazer para ser completo e santo. Na juventude e adolescência somos como esponjas que facilmente absorvem o que nos dizem. Com demasiada frequência aceitamos como verdadeiros nomes prejudiciais pelos quais nos chamam e situações que acontecem pelas quais nos culpamos. Passamos nossos anos adultos descobrindo o que essas "inverdades" são e repelindo-as. Ao mesmo tempo, precisamos proclamar a verdade de como fomos feitos gloriosa e maravilhosamente!

Faça devagar uma lista dos nomes pelos quais foi chamado no passado. Quatro olhos, gordo, varapau, feio, estúpido ou inútil. A lista pode ser interminável. Em seguida, acrescente os nomes pelos quais chamou a si mesmo. Incorrigível, estabanado, bebezão, frangote... Essa também pode ser uma lista bem longa. Quais desses nomes você assumiu como parte de sua identidade? Com que frequência faz escolhas ou responde aos outros com base em um lugar bem no seu íntimo que foi ferido por nomes prejudiciais?

Reze sem pressa. Imagine-se sentado com Jesus. Consegue perguntar-lhe qual é o nome de Deus para você? É Amado por Deus, Pérola Preciosa, Escolhido, Meu Prazer, Estrela Cintilante? Desenhe sem pressa um escudo ou mandala ou faça um marcador de livro com seu novo nome. Ponha-o em um lugar onde você seja lembrado com frequência de quem você realmente é em Deus, nesse lugar onde você está sempre inteiro, unido e amado.

Agora pense devagar nas pessoas importantes de sua vida. Que nomes você tem para elas? É capaz de pensar em um nome que melhor reflita quem essas pessoas são para você? Você pode ajudar a curar feridas e a promover a paz, refletindo para os outros a beleza de quem eles são. Por que não fazer um desenho do novo nome para cada uma delas?

Capítulo 10

Compreender quem eu sou
"O dobro do teu espírito"

Imaginar vividamente

Curar-se é sair de espaços apertados para amplos espaços abertos, mudando da morte para a vida e transformando tédio em paixão. Pensamos que vivemos em liberdade com paixão e vivemos, na medida em que conseguimos. Um dia Jesus nos convida para chegar mais perto e descobrimos como éramos restritos e insensíveis. É um tanto parecido com o amor. Um homem e uma mulher creem ser pessoas amorosas até se apaixonarem. Então são dominados pela intensidade e paixão do amor. Depois do casamento têm de decidir diariamente continuar apaixonados. E assim vai. As pessoas saudáveis não param de crescer e essa transformação inclui o sofrimento de deixar para trás e o constrangimento de andar em direção ao desconhecido.

Outro dia me veio uma imagem e refleti em mudanças recentes na minha vida. Senti como se tivesse vivido em uma sala fria, suja, sem janelas. Eu parecia estar muito longe do lugar onde Jesus me chamava para ficar. Dificuldades levaram-me a me sentir um fracasso. Entretanto, eu sabia que essa sala não era tudo. Esse lugar, outrora meu lar, agora era pequeno demais, frio demais, embolorado demais. Eu queria sair. Sabia que havia alguma coisa muito bela do outro lado das paredes.

Peguei um machado e comecei a dar golpes nas paredes. Pouco a pouco eu derrubava as grossas vigas de madeira que me cercavam. Quando a primeira parede caiu, uma lufada de ar fresco entrou na sala e respirei como se fosse a primeira vez. O perfume de flores fez meu coração saltar no peito. A emoção dava-me forças enquanto eu derrubava a estrutura toda que me confinara. Joguei um fósforo na pilha de madeira e a pus em chamas. Então me virei.

Um amplo campo de flores saudou meus olhos. Borboletas, o símbolo tradicional da transformação, esvoaçavam por toda parte. Curvei-me e colhi algumas flores, certificando-me de que estava ativamente presente na imagem (não apenas como observadora).

"Eis-me aqui", eu disse a Jesus e esperei que ele viesse me buscar. Depois de algum tempo, eu o vi caminhar em minha direção. Ele tomou-me as mãos e me deu um abraço. É disso que Deus, religião e espiritualidade tratam: o abraço do Amante divino. A história da salvação é a saga do Pai que deseja esbanjar seu amor, esvaziar-se em completa vulnerabilidade para que nós, suas criaturas, sejamos o objeto de um amor tão generoso, tão intenso e tão completo que nada é escondido por esse Amante divino.

Senti dentro de mim o arrebatamento do amor, ou melhor, senti que me apaixonava. Novamente Jesus me cobriu com seu manto.

Contemplação

"O dobro do teu espírito" (2Rs 2,9).

Uma de minhas passagens bíblicas favoritas é a história do profeta Elias e seu discípulo Eliseu, imediatamente antes de Elias deixar esta terra.

Ciente de que logo seria levado por Deus, Elias começa em três etapas uma viagem que progressivamente o separa de seu povo e sua terra. Em certo sentido, ele se move para fora do aperto de sua história em direção à transformação suprema. Do lugar chamado Betel, viaja com seu discípulo Eliseu para Jericó, chegando finalmente ao rio Jordão. Ali eles atravessam o rio e chegam em outra terra. A travessia de rios é um símbolo bíblico profundo: a travessia do mar Vermelho foi a demarcação que separou os israelitas da escravidão quando entraram na liberdade; a travessia do Jordão foi o ponto onde o povo abandonou a perambulação no deserto e entrou na terra a eles prometida pelo Senhor. Moisés, porém, não atravessou o rio com o povo. Morreu no monte Nebo depois de receber uma visão da terra que seu povo ia possuir. Agora Elias atravessa o Jordão, deixando a terra prometida, separando-se de seu povo, preparando-se para deixar esta terra.

Elias pergunta se Eliseu quer que ele lhe faça alguma coisa antes de ser arrebatado. Sem pestanejar, Eliseu responde: "Que me seja dado o dobro do teu espírito (2Rs 2,9). Uma paráfrase dessa resposta que significa muito para mim é: "(Quero) tua vida repetida em minha vida. Quero ser um homem santo exatamente como tu" (2Rs 2,9 *Message Bible*).

Imagino Elias coçando a cabeça enquanto murmura: "É um pedido bem grande. Não tenho certeza se realmente posso obter isso para ti. Contudo, se me vires ser arrebatado da tua presença, saberás que teu desejo será concedido".

Eliseu fica perto de Elias enquanto caminham. Ele vê quando cavalos de fogo e um carro de fogo chegam e levam Elias ao céu em um redemoinho. Eliseu grita para seu amado Elias, mas não há resposta. O grande profeta se foi. A poeira assenta-se ao redor dele, quando Eliseu percebe que agora está sozinho. Agora lhe cabe continuar a tarefa profética na terra de Israel. Com tristeza, toma sua túnica e rasga-a em duas partes. Abaixando-se ergue o manto de Elias, leva-o de volta ao Jordão e bate com ele nas águas. O rio divide-se em dois e Eliseu passa de volta para a terra prometida.

Na carta aos cristãos de Colossos, São Paulo continua essa imagem bíblica de uma troca de vestes. Na paráfrase da *Message Bible*, o que ele quer dizer tem um grande efeito. Paulo diz: "Acabastes com aquela vida velha: é como um conjunto sujo de roupas mal ajustadas de que vos despojais e pondes no fogo. Agora estais vestidos com novas roupas. Cada item de vosso novo modo de vida é feito sob medida pelo Criador e tem a etiqueta dele. Todas as modas velhas estão obsoletas... Assim, escolhidos por Deus para esse novo modo de amor, vesti-vos com o novo guarda-roupa que Deus escolheu para vós: compaixão, bondade, humildade, sossego, força, disciplina. Sede equilibrados, contentes com o segundo lugar, prontos para perdoar uma ofensa. Perdoai tão rápida e completamente como o Mestre vos perdoou. E independente do que mais vestirdes, usai o amor. É a vossa veste básica, para todas as ocasiões. Nunca fiqueis sem ela" (Cl 3,9-10 *Message Bible*).

Em um gesto que vai fundo nesse simbolismo bíblico, podemos, na imaginação, rasgar em pedaços "fotos" de nossa vida passada, imagens que representam modos de viver, reagir, pensar e desejar que já não se coadunam. O Espírito nos convida a pegar o manto que Jesus deixou para trás para nós. Como é essa veste nova? Como nos sentimos quando a usamos? Como ela vai afetar o modo como pensamos, desejamos, amamos e nos comportamos? São perguntas importantes à medida que nos acostumamos com esse novo guarda-roupa, processo que leva a vida toda. Ao longo do caminho, descobrimos novas "modas", cores, tamanhos e estilos. Barganhas e trocas nos permitem acumular cada vez mais peças do guarda-roupa do Senhor, quando crescemos e algumas das roupas que usamos ficam pequenas.

Todos experimentamos o que São Paulo sentiu quando observou: "De fato, não entendo o que faço, pois não faço o que quero, mas o que detesto" (Rm 7,15). Dinâmicas de personalidade, problemas de nosso passado, realidades situacionais e fatores de saúde estão entre as muitas coisas que contribuem para sentimentos contraditórios, comportamentos compulsivos e decisões confusas. Pouco autoconhecimento e um relacionamento frio com Deus é o resultado desses outros fatores em nossa vida, quando não são abordados. Rezamos. Lemos a Bíblia. Decidimos mudar, mas alguma coisa mais forte que nós e nossa resolução espiritual impedem-nos de vestir as roupas do Espírito de modo consistente.

Choco-me com esse problema toda vez que quero fazer alguma coisa para meu bem-estar físico ou emocional. Por exemplo, decido vezes sem conta que quero começar a caminhar diariamente. Para o bem de minha saúde, sei que deveria começar a caminhar. Na verdade, eu apreciaria o tempo a sós que eu teria, se apenas começasse a caminhar. Entretanto, no fim nunca começo a caminhar. Por quê?

Não percebi que dentro de mim atuavam dinâmicas poderosas que me impediam de começar essa atividade que seria física e emocionalmente benéfica para mim. Um dos temores mais fortes que tenho é o medo do fracasso. Em meu íntimo, há esse medo oculto de deficiência e o trabalho às vezes é um meio de esconder de mim mesma essa dor. Embora pareça tolice, uma parte de mim pensa que, se eu parar de trabalhar, o mundo desmoronará e minha sobrevivência estará em perigo. O trabalho esconde a sensação interior de que não fiquei ligada com minha essência mais profunda. Pôr na minha frente a imagem de uma pessoa saudável não basta para me fazer sair e caminhar! Nem a imagem de uma pessoa esbelta. Já me detesto o bastante sem me expor fazendo dieta. Só depois que examino calmamente a razão de me sentir um fracasso e de onde vem esse medo de desmerecimento, só depois de me abrir ao sentimento de medo (em vez de fugir dele), vou descobrir que tudo – sucesso e fracasso – faz parte da divina Providência, tudo está entrelaçado no mistério da glória de Deus. Quando acolho a realidade como ela é, em vez de fazê-la diferente, posso deixar as coisas como estão. Não preciso mudá-las trabalhando e controlando. A alegria e a gratidão brotam em meu coração.

Bem no íntimo sou alguém que gosta de tranquilidade, de ter tempo para mim, de solidão, natureza, escuridão. Viver excessivamente ativa não é para mim. Essa sou "eu" condicionada pelas circunstâncias da vida e assim vivo nessa condição defensiva. Mas, na realidade, tudo já está garantido porque Deus fez assim. Paulo diria: "Considerando que quando vivíamos como seus inimigos Deus enviou-nos Jesus Cristo para nos salvar, não nos dará também tudo o mais? Estamos agora no Espírito que nos fez filhos e filhas de

Deus!" (cf. Rm 5,10). Fazer uma caminhada expressa, então, a realização brotando em minha alma a partir da percepção do que Deus fez por mim e de quem eu sou. Ao perceber isso, posso afastar-me de minha mesa e apreciar o ar fresco e a solidão que uma caminhada traz.

Analisar

- Que símbolos de cura ou transformação têm sido significativos ou convincentes em sua vida?

- Há um chamado para você sair de um lugar apertado e seguir para um espaço de maior liberdade? Quais são seus sentimentos a respeito dessa possibilidade? Imaginariamente, como se liga com essa realidade dentro de você? Como você imagina onde está agora? Como imagina a dádiva futura?

- Já disse a Jesus em oração: "Eis-me aqui, Jesus. Estou a tua espera"? O que aconteceria se o fizesse?

- Concorda que religião e espiritualidade tratam de amor? Não existe resposta certa ou errada. Em diferentes ocasiões de nossa vida, aspectos de Deus e espiritualidade se sobressaem e exigem mudanças no modo de pensar, querer e se comportar.

- Se Jesus lhe dissesse: "Antes de eu partir, há alguma coisa que queres que eu faça por ti?", o que você pediria? Depois de decidir, procure uma passagem no Evangelho na qual alguém pede a Jesus algo parecido.

- A imagem de uma troca de roupas é significativa para você? Por que sim ou por que não?

- Desenhe uma figura de seu antigo "guarda-roupa", as "roupas que não caíam bem", que se tornaram compulsões ou fixações m sua vida. Como elas o fazem se sentir? Em seguida, desenhe a imagem de seu novo "guarda-roupa" proporcionado pelo Espírito. Faça uma relação completa de suas novas roupas. Como se sente quando lê essa lista? Identifique certas situações em sua vida que provocam em você um comportamento frustrante ou prejudicial. Veja se consegue identificar alguns elementos de seu antigo "guarda--roupa" que fazem parte do ciclo de sua resposta. Em seguida, avalie a situação e seu novo "guarda-roupa" e faça um novo plano de ação para aquelas situações.

- Converse (ou escreva) a respeito de uma situação em que você parece estar impedido de fazer a segunda melhor escolha. Que temores ou desejos podem estar na raiz dessa dificuldade? Converse com Deus sobre o que descobrir.

- A distinção entre quem você é e o que está fazendo é proveitosa para você entender seu trabalho espiritual?

Escutar

Reserve tempo para refletir a respeito da maneira como Deus opera em sua vida. Peça ao Espírito Santo que lhe forneça um símbolo de onde você está e de para onde está sendo chamado. Reserve algum tempo para analisar a imagem de sua vida presente, com seus parâmetros, limites, fixações, contratempos. Como essa imagem o faz sentir-se? Preste atenção a sua reação física enquanto investiga cada ângulo da imagem que simboliza sua realidade presente. Relacione os pensamentos e sentimentos que percorrem sua mente e seu coração. Faça um desenho de onde você está. Jesus vem até você e lhe oferece uma saída para um espaço maior, mais bonito. Talvez ele lhe dê um machado para derrubar as paredes ou uma escada para sair, ou talvez ele o erga para fora dali. Deixe o passado para trás e passe algum tempo na imagem da vocação que está recebendo. O que vê? Ouve? Sente? O que deseja? Diga a Jesus: "Eis-me aqui, Jesus. Estou a tua espera". Espere ele vir. O que ele lhe diz?

Descansar

Descansar com estas passagens da Escritura aprofunda sua cura. A fim de se preparar para descansar profundamente no coração, onde a cura acontece realmente, repita a experiência da oração de escutar antes de utilizar uma das passagens bíblicas, ou imagine-se na cena descrita na passagem. A cada vez, conte a Jesus o que vê e o que sente e espere que ele lhe diga alguma coisa.

Ressuscitar dos mortos

João 11,17-44

Lucas 24,1-6

Os quatro Evangelhos contam a história de Jesus sendo colocado no túmulo, mas há duas histórias de "túmulo" no Evangelho de João. Lázaro, amigo de Jesus, fica doente e morre. Foi enterrado quatro dias antes de o Senhor chegar. Mais tarde, o próprio Jesus morre e fica enterrado três dias. A escuridão dos túmulos, o caráter decisivo da morte simbolizado pela pedra que protege a abertura das sepulturas onde eles foram enterrados, os panos do sepultamento – cada um desses elementos salienta a distância entre esta vida e a morte (cf. Jo 11,17-44). Às vezes também sentimos essa "morte". Por causa do pecado, desilusão, fracasso, depressão, situações dolorosas, doença ou aflição pela tristeza de outro, sentimos como se tivéssemos sido colocados em um túmulo.

Sentimo-nos em um beco sem saída, desesperados, cegos. Como deve ter sido para Lázaro ouvir a voz de seu amigo Jesus chamando-o pelo nome, ver um feixe de luz entrar na sepultura depois de a pedra ser afastada, ouvir o silêncio nervoso da multidão, testar os dedos – consegue mexê-los? As pernas – conseguem suportar seu peso? Puxar a atadura dos olhos... só para ver o caminho. Uma direção possível para a oração é imaginar Jesus chamando-o para fora de qualquer túmulo em que você esteja. Ele desenrola os panos que o mantêm amarrado. Oferece-lhe comida. Como na ressurreição de Jesus, imagine as pessoas a sua procura no túmulo e encontrando anjos que anunciam que você não está mais ali. Elas precisam procurá-lo entre os vivos (cf. Lc 24,1-6).

> E Jesus, levantando os olhos para o alto, disse: "Pai, eu te dou graças porque me ouviste! Eu sei que sempre me ouves, mas digo isto por causa da multidão em torno de mim, para que creia que tu me enviaste. Dito isso, exclamou com voz forte: 'Lázaro, vem para fora!' O morto saiu. Ele tinha as mãos e os pés amarrados com faixas e um pano em volta do rosto. Jesus, então, disse-lhes: 'Desamarrai-o e deixai-o ir!'" (Jo 11,41-44).

> Encontraram a pedra do túmulo removida, mas, ao entrarem, não encontraram o corpo do Senhor Jesus e ficaram sem saber o que estava acontecendo. Nisso, dois homens com vestes resplandecentes param perto das mulheres. Tomadas de medo, elas olhavam para o chão. Eles, porém, disseram-lhes: "Por que estais procurando entre os mortos aquele que está vivo? Não está aqui. Ressuscitou!" (Lc 24,2-6).

Novas direções

Atos 2,1-4

Colossenses 3,1-4

Quando forçamos a saída de um túmulo, nossos olhos precisam acostumar-se à luz. Entretanto, sair de um lugar espiritual de escuridão e morte interior é obra de Deus e é seguida de sua poderosa visita. Depois de traírem e abandonarem Jesus por ocasião de sua prisão, esconderem-se em uma sala secreta para salvar a própria vida e encontrarem-se com Jesus quando ele apareceu entre eles depois da ressurreição, os apóstolos esperaram novamente, em Jerusalém, na sala do andar superior, pelo dom do Espírito que Jesus prometeu enviar (cf. At 2,1-4). Depois da morte de seus sonhos, ilusões, expectativas egoístas e falsos egos, agora estavam prontos para crescer, viver, mover, proclamar o que haviam testemunhado. O Espírito tornou isso possível ao abrir à força o presente deles e possibilitar um novo futuro! (cf. Cl 3,1-4).

> Quando chegou o dia de Pentecostes, os discípulos estavam todos reunidos no mesmo lugar. De repente, veio do céu um ruído como de um vento forte, que encheu toda a casa em que se encontravam. Então, apareceram línguas como de fogo que se repartiram e pousaram sobre cada um deles. Todos ficaram cheios do Espírito Santo e começaram a falar em outras línguas, conforme o Espírito lhes concedia expressar-se (At 2,1-4).
>
> Se ressuscitastes com Cristo, buscai as coisas do alto, onde Cristo está entronizado à direita de Deus; cuidai das coisas do alto, não do que é da terra (Cl 1,1-2).

Eu vivo, mas não eu

Gálatas 2,19-21

Romanos 12,3-21

Do mesmo modo que Eliseu queria viver com o espírito de Elias, repetindo na sua vida a vida do mestre, Paulo queria viver a vida de Cristo, de modo que quem o visse veria a Cristo. Quando faz suas declarações "eu vivo, mas não eu", Paulo diz várias coisas importantes. Primeiro, embora nossa cultura preze a autonomia e a existência isolada da pessoa que está por sua própria conta, seria ridículo para o cristão viver dessa maneira. Para Paulo, seria como um braço ou uma perna tentando ter existência independente. Na verdade, eles fazem parte de um todo maior. Todas as partes trabalham juntas e sentem juntas. A existência do cristão implica amar, sem o que o cristão não é nada. Amar e ser amado é a essência do cristianismo. Quando declara "eu vivo, mas não eu: é Cristo que vive em mim", Paulo diz que a pessoa independente que o mundo considera normal está absorvida na autenticidade da comunidade (cf. Gl 2,19-21). Fazemos parte porque compartilhamos uma existência comum. Somos partes de um único corpo: o corpo de Cristo. Estamos ligados pelo amor. Como braços e pernas são diferenciados no corpo, eles são identificados pelo serviço em suas várias capacidades para o corpo. Cada um tem um dom espiritual diferente necessário para o bem comum da comunidade. Para um cristão, o uso autêntico de "eu" – a primeira pessoa singular – deve sempre ser uma variação de "eu existo para servi-lo". "Eu existo para amá-lo." "Eu existo porque sou amado por você." "Eu existo porque sou amado como você." Ao decidir um modo de ação, o cristão deve perguntar: "O modo de ação decidido fortalece ou destrói os outros?" (cf. Rm 12,3-21).

> Eu vivo, mas não eu: é Cristo que vive em mim. Minha vida atual na carne, eu a vivo na fé, crendo no Filho de Deus, que me amou e se entregou por mim (Gl 2,20).
>
> Como, num só corpo temos muitos membros, cada qual com uma função diferente, assim nós, embora muitos, somos em Cristo um só corpo e, cada um de nós, membros uns dos outros. Temos dons diferentes, segundo a graça que nos foi dada. É o dom da profecia? Profetizemos em proporção com a fé recebida. É o dom do serviço? Prestemos esse serviço. É o dom de ensinar? Dediquemo-nos ao ensino. É o dom de exortar? Exortemos.

Quem distribui donativos, faça-o com simplicidade; quem preside, presida com solicitude; quem se dedica a obras de misericórdia, faça-o alegria. O amor seja sincero. Detestai o mal, apegai-vos ao bem. Que o amor fraterno vos una uns aos outros, com terna afeição, rivalizando-vos em atenções recíprocas (Rm 12,4-10).

Cura interior

Antes de começar esta seção talvez você deseje rezar com a contemplação de imagens mentais guiadas encontrada na página 19.

Há muito tempo ouvi um conto maravilhoso que vem de um dos Abbas ou Ammas do Deserto. Fala de uma pessoa jovem que pediu conselhos sobre oração. Em vez de responder diretamente ao pedido de conselho, o sábio respondeu com um exemplo. A natureza da água, explicou ele, é ser fluida e mole e a natureza da pedra é ser dura. Contudo, quando a água pinga gota a gota durante muito tempo, faz um buraco na pedra. Do mesmo modo, a Palavra de Deus é suave e terna e o coração humano pode ser duro como pedra. Mas, quando as pessoas se expõem durante muito tempo à Palavra Divina e ao Espírito Divino, seu coração amolece e se transforma.

Quando ouvi pela primeira vez esse fragmento de sabedoria antiga, reconheci que muitas vezes apenas "perdia tempo", com todas as minhas tentativas de mudar a mim mesma. Eu trabalhava demais e não deixava espaço para Deus. A sabedoria do deserto dos que haviam trilhado antes este caminho convidava-me a, em vez disso, criar todo dia tempo e espaço para o Espírito Divino "pingar" em meu coração e me transformar.

Logo depois disso, vi-me sentada em oração segurando uma pequena tigela que eu fizera em uma aula de cerâmica. Tranquilizei a mente e simplesmente mendiguei a Deus para amolecer e transformar meu coração. A peça de cerâmica tornou-se minha tigela de mendigar. Logo depois dessa experiência, aprendi que a palavra japonesa para tigela de mendigar é *oryoki*, que, literalmente, significa "só o suficiente". Isso se tornou um meio de suplicar intencionalmente a ajuda divina. É uma oração contemplativa e simples que todos podem praticar.

Incentivo-o a considerar seu tempo de oração como sua tigela de mendigar. Talvez você deva sentar-se com as mãos em concha. Respire fundo algumas vezes, lembrando-se de que Deus está tão perto quanto o ar que respira. Clareie a mente. Entregue a Deus todas as preocupações que possa ter nesse momento. Sente-se tranquilamente e implore a Deus para "pingar" em seu coração e enchê-lo somente com o suficiente por hoje.

Quando terminar, ofereça uma oração de gratidão.

Nós não transformamos a nós mesmos. Deus nos transforma. Nossa tarefa é estar prontos e abertos para receber o que Deus deseja nos dar.

Apêndice I

Escolhas práticas cotidianas para cura e esperança

Entre 2003 e 2012 um programa de televisão chamado *Extreme Makeover* [Reconstrução Total] tornou-se muito popular. Nele, uma família merecedora tinha a casa demolida e, com a ajuda de voluntários, um lar novinho era construído no mesmo lugar. Muitas vezes penso como seria maravilhoso se eu fosse totalmente transformada da mesma maneira. Eu ia querer ser reconstruída inteira, saudável e santa.

Entretanto, todos sabemos que pessoas são muito mais complexas que casas e não é tão fácil fazer algo assim. Além disso, nossas partes "defeituosas" são na verdade algumas de nossas maiores bênçãos quando descobrimos o tesouro que contêm. Assim, como resistir ao caminho da cura para a esperança? Faça pequenas escolhas que lhe permitam mudar e crescer. Isso é tudo. Pequenas e contínuas decisões cotidianas, uma depois da outra, como pôr um pé na frente do outro.

Primeiro passo: equilíbrio

Assuma o compromisso de manter o equilíbrio em sua vida. Equilibre trabalho com lazer; atividade com reflexão; ver tevê com ler um livro; navegar na internet com silêncio;

companhia com solidão. Precisamos fazer isso porque expectativas, necessidades, desejos e fragilidade pessoal, bem como outras pessoas, nos puxam com força em muitas direções ao mesmo tempo. Manter o equilíbrio será mais fácil se você tiver alguém com quem falar e para quem prestar contas sobre sua vida: um amigo, um terapeuta, um orientador espiritual, ou um preceptor.

Segundo passo: faça listas concretas

Faça uma lista daquilo que você sabe que promove espiritualidade, bem-estar físico e saúde emocional em sua vida. Talvez sua lista divirja um pouco da de outras pessoas porque você é alguém incomparável, com dons e vocações especiais dados por Deus. Certifique-se de que todos os itens na lista sejam concretos e mensuráveis e que cada um possa ser alcançado realisticamente em bases regulares. Seja cuidadoso porque uma das grandes ciladas é estabelecer padrões tão altos que seu destino é fracassar.

Terceiro passo: redija um plano espiritual

O que o ajuda a alimentar sua espiritualidade? Ler? Ouvir música? Fazer uma caminhada na natureza? Rezar o terço? Uma pessoa é diferente da outra. Deus fala a cada um de nós de um jeito diferente e em uma variedade de ocasiões e lugares. Observe-se durante algum tempo; veja onde sente a presença de Deus mais profundamente. Em que atividade espiritual? Determine o que lhe é mais proveitoso e redija um pequeno plano espiritual que o ajude a crescer como alguém cheio de Deus. Seja minucioso. Que práticas você vai desenvolver em sua vida? Com que frequência vai desenvolvê-las? Todos os dias? Três vezes por semana? Uma vez por semana?

Onde vai realizá-las? O que precisa mudar em seus planos a fim de arranjar tempo para essas atividades espiritualmente benéficas? O que você espera conseguir executando-as? Visualize e escreva quem você espera ser dentro de seis meses, se for fiel a esse plano espiritual. O que você vê mudado? Melhorado? Eliminado de sua vida? Como esse plano afetará seu relacionamento com os outros? Seu relacionamento com Deus? Como se sente a respeito de si mesmo? Você decide a extensão de seu plano, mas certifique-se de que ele seja realista para você.

Quarto passo: planeje um programa para a saúde

Siga o mesmo processo acima para determinar o que precisa incorporar a sua vida para melhorar ou manter a saúde física. Precisa caminhar mais? Precisa dormir mais ou menos? Precisa fazer refeições mais balanceadas? Precisa de mais ou menos exercício? Quer tentar acupuntura ou aconselhamento nutricional? Mais uma vez, seja específico. Se vai caminhar para fazer mais exercício, determine quando vai caminhar, com quem, quanto tempo, onde, e o que vai fazer nos dias de sol escaldante ou de frio enregelante (dependendo de onde você mora). Talvez queira conversar com o médico antes de começar um exercício vigoroso ou uma modalidade de medicina alternativa.

Quinto passo: cuide do bem-estar emocional

Depois de refletir e fazer um plano para cuidar da saúde espiritual e física, cuide adequadamente de seu bem-estar emocional. Na sociedade apressada e atormentada de hoje, essa parte de seu programa para a cura continuada é crucial. As diferenças que existem entre a vida emocional de uma pessoa e a de outra são pronunciadas. Aqui só relaciono algumas possibilidades para ajudá-lo a começar. Talvez você queira partilhar suas escolhas com um orientador espiritual, um conselheiro ou um amigo, ou levá-los a um grupo que se concentre na saúde emocional. Você precisa de mais ou menos silêncio em sua vida? Precisa de mais solidão, ou precisa relacionar-se com outras pessoas? Está consciente de seus sentimentos ou a opressão de suas emoções está lhe perturbando a vida? Você tem alguém com quem partilhar o que sente? Mantém um diário ou descrição? Passou por situações recentes cheias de pressão como perda de emprego, morte de um ente querido ou de um amigo, aumento da carga de trabalho, nascimento de um filho, aposentadoria ou divórcio? Como essa situação o afeta? Dedica tempo suficiente para processar o que experimenta? O que o fará sentir-se mais inteiro e menos fragmentado, mais profundo e menos frívolo, mais no controle e menos caótico?

Sexto passo: comece devagar e persevere

Decida-se sobre um ou dois itens de cada categoria acima e converse com alguém sobre o empenho que está dedicando a um estilo de vida mais saudável. Mantenha um registro da fidelidade a suas escolhas. Se fracassar, talvez precise ajustar o que faz. Seja sempre gentil consigo mesmo e procure comunicar-se com outras pessoas que têm os mesmos objetivos para uma vida mais cheia de esperança.

Recuperar a esperança é difícil quando tudo a nossa volta parece estar desmoronando. Precisamos fazer nossa parte para manter um estilo de vida que promova a saúde, o bem-estar e a santidade. Mas, no fim das contas, não podemos fazer isso sozinhos. Precisamos estar abertos para a graça divina e precisamos do apoio dos outros. Enquanto continuamos a viagem para a integridade, não nos esqueçamos de que Deus nunca pede o impossível. Somos chamados a seguir com fé, um passo de cada vez, com a certeza de que somos amados incondicionalmente pelo Deus que se chama Amor.

Apêndice 2

Processo para se revestir de Cristo em sete etapas

São Paulo mostra-nos em sua vida e em suas cartas que Cristo está decidido a nos salvar. Ele nos convida a nos "revestir" de Cristo. Em suas cartas, registramos um processo para essa transformação que é profundamente humana e divina.

Primeira etapa: reflita em encontros inesperados com Deus em sua vida

Paulo narra três vezes em Atos a história de seu encontro com Cristo na estrada para Damasco (cf. At 9; 22; 26). É óbvio que ele refletira no acontecimento, no que significava e como definira sua vida. Quando ele tinha de descrever quem era e explicar o que fazia, recontava a história de seu encontro com o Senhor na estrada para Damasco. O que aconteceu naquele encontro com o Senhor? Fariseu, zeloso pela lei, preocupado em proteger o judaísmo das ideias dos seguidores de Jesus, encontrou pessoalmente aquele contra quem ele combatia. Paulo descobriu que estava errado. Jesus, que os seguidores do Caminho proclamavam estar vivo, estava realmente vivo. Ele o vira. Ou melhor, fora visto por ele. Nesse encontro, percebeu que sua vida importava para Deus além de seus sonhos mais ardentes. Deus importava-se com Paulo o bastante para salvá-lo de seu zelo mal orientado. Talvez os maiores sonhos de Paulo para si mesmo incluíssem autoridade e prestígio. Entretanto, Deus tinha planos muito maiores para ele. Tinha planos que abrangiam o mundo todo e o resto da história até o fim dos tempos. Paulo não pediu para sair de sua vocação como alguns dos grandes profetas do Antigo Testamento; Moisés e Jeremias, para mencionar dois. Fez exatamente o que lhe foi ordenado e seu futurozinho de presunção explodiu em uma vida de louvor e glória.

Estava claro para Paulo que salvação e cura vêm de fora. Somos alcançados por um Amado divino que deseja atrair nossa vida a seus desejos para o mundo. "Irmãos, asseguro-vos que o Evangelho pregado por mim não é de natureza humana, pois não o recebi nem aprendi de uma instância humana, mas por revelação de Jesus Cristo [...] Deus, porém, tinha me posto à parte desde o ventre materno. Quando então ele me chamou por sua graça e se dignou revelar-me o seu Filho, para que eu o anunciasse aos pagãos" (Gl 1,11-12.15-16).

Esse encontro pessoal com um Deus que quer assumir a direção de nossa vida também é possível para nós – talvez esse encontro entre você e o divino Amado já tenha acontecido. Talvez o tenhamos encontrado e esquecido, voltando a nossas pequenas visões antigas de quem somos e do que fazemos. Paulo nos convida a uma dinâmica de quenose – processo de transição de quem somos agora para quem Deus quer que sejamos.

Segunda etapa: faça distinção entre quem você é e o que você faz

Paulo introduz suas cartas consistentemente com frases como: "Paulo e Timóteo, servos do Cristo Jesus, a todos os santos no Cristo Jesus que estão em Filipos" (Fl 1,1); Paulo, apóstolo [...] às igrejas da Galácia" (Gl 1,1.2); "Paulo, chamado a ser apóstolo do Cristo Jesus, por vontade de Deus [...] à igreja de Deus que está em Corinto" (1Cor 1,1.2). Ele nunca declara o que estava fazendo (escrevendo uma carta a uma igreja específica), sem também declarar quem ele é. Primeiro, ele é apóstolo em relacionamento com Cristo Jesus. Segundo, foi enviado a determinada comunidade para anunciar Cristo aos gentios. Isso possibilita a Paulo repetir vezes sem conta o que significa ser apóstolo de Cristo Jesus. Quais são as características do apostolado? Quais foram as características da vida de Jesus? O que Jesus lhe ensinou do princípio ao fim de sua vida? Isso dá a Paulo uma lista de qualidades essenciais que o ajudam a saber quem ele foi feito para ser em sua essência mais profunda: outro Cristo, servo e embaixador de reconciliação, alguém que já não vive para si, mas para a glória de Deus.

Em segundo lugar, ele é enviado aos coríntios, aos filipenses, aos romanos, aos gálatas. Seu relacionamento com cada um desses grupos de pessoas é discordante, tumultuado e, às vezes, cheio de desapontamento. Paulo reage. Escreve cartas ardentes, derrama lágrimas, entra em discussões; envia jovens discípulos de volta para casa; toma decisões impulsivas. Em situações exaltadas, todos nós reagimos. Entramos em pânico e dizemos e fazemos coisas que não costumamos dizer e fazer. Cada um de nós tem seu jeito especial de lidar com a pressão, o medo ou o abandono. Um segredo para o crescimento espiritual é ser capaz de diferenciar as características de nossa personalidade mais íntima de nosso ego defendido ou reacionário.

Terceira etapa: ponha-se honestamente no presente e experimente o que acontece sem que isso precise ser diferente

São Paulo aceitava de bom grado o presente, fosse o que fosse que ele trouxesse. Naufragar ou lutar pela fé de suas comunidades, pregar ou expiar, passar fome ou banquetear-se... ele aprendera a viver tudo sem esquivar-se, apegar-se, reagir além do normal, exigir que fosse outra coisa.

Aprecie sua realidade interior e exterior com serenidade. Deixe sua experiência ser o que é, sem rotulá-la nem combatê-la. Somente com serenidade poderemos entender nossas reações.

Quanto mais nos concentramos dentro de nós, saímos do jugo do crítico interior e aceitamos as partes positivas e também as negativas de nós mesmos, mais nossa alma se descontrairá.

Paulo tinha muitas razões para se censurar. Ele mesmo conta como recolhera seguidores de Jesus, trancando-os na cadeia. De fato, os Atos dos Apóstolos deixam claro que ele estava na multidão que apedrejou o diácono Estêvão. Os Atos dos Apóstolos declaram claramente que os que apedrejavam Estêvão deixaram seus mantos "aos pés de um jovem, chamado Saulo" (At 7,58) e que Saulo consentiu "na execução de Estêvão" (At 8,1).

O relacionamento paulino com os coríntios era turbulento, para dizer o mínimo, em parte devido à maneira como ele lidou com uma situação espinhosa na comunidade. Ele fora enviado aos gentios para anunciar a boa-nova da salvação, missão que ia irritar a comunidade cristã nascente, onde muitos estavam satisfeitos em manter os costumes judaicos e limitar-se a círculos judaicos. Até a coleta para os pobres de Jerusalém, que tão solicitamente ele fizera durante anos, foi, no fim, rejeitada. Paulo poderia ter passado muito tempo preocupado com ressentimentos, relações com autoridade, amizades rompidas, imaginando o que fizera de errado.

Em vez disso, ele atravessou as turbulências da vida e no fim chegou à conclusão de que somos todos chamados à glória. "Sabemos que tudo contribui para o bem daqueles que amam a Deus, daqueles que são chamados segundo o seu desígnio. Pois aos que ele conheceu desde sempre, também os predestinou a se configurarem com a imagem de seu Filho, para que este seja o primogênito numa multidão de irmãos. E àqueles que predestinou, também os chamou, e aos que chamou, também os justificou, também os glorificou" (Rm 8,28-30). Paulo entendeu nossa integridade interior como filhos e filhas de Deus criados à imagem de Deus e tornados resplendentes com a graça gloriosa de Deus a nós concedida livremente em Cristo (cf. Ef 1,6). Quando chegamos ao ponto onde sabemos que estamos seguros pelo amor de Deus em Cristo Jesus, nosso coração se abre, não mais preso ao domínio imperfeito do medo.

Quarta etapa: reconheça os profundos impulsos interiores e renuncie à defensiva

Quando começamos a discernir nossos impulsos interiores, nem sempre gostamos do que vemos. Descobrimos o jeito como escondemos nossos temores mais profundos, muitas vezes projetando-os sobre outras pessoas. Incapazes de encarar nossa vulnerabilidade, consideramos os outros maus e imperfeitos. Um pouco de presunção dá cor à beleza de tudo o que fazemos. Ao nos considerarmos melhores que os outros, não temos de enfrentar nossos fracassos. Paulo, como Saulo, teve de reconhecer isso para si mesmo. Ele tinha muito a seu favor antes de encontrar Cristo. Como fariseu, estava subindo nos círculos religiosos. De repente, Jesus o mergulhou na cegueira e virou o feitiço contra o feiticeiro. Em vez de perseguir os cristãos, ele precisava depender deles para a salvação e a vida. Durante muitos anos, ele deve ter se preparado para que a nova direção de sua vida fosse manifesta em todos os aspectos de seus pensamentos, desejos, preferências e comportamento. Ele escreveu: "Se algum outro pensa que pode confiar na carne, eu mais ainda: fui circuncidado no oitavo dia, sou da raça de Israel, da tribo de Benjamim, hebreu filho de hebreus; quanto à observância da Lei, fariseu; no tocante ao zelo, perseguidor da igreja; quanto à justiça que vem da Lei, irrepreensível. Mas essas coisas, que eram ganhos para mim, considerei-as prejuízo por causa de Cristo. Mais que isso, julgo que tudo é prejuízo diante deste bem supremo que é o conhecimento do Cristo Jesus, meu Senhor" (Fl 3,4-8).

Todos nós podemos escrever uma declaração semelhante a respeito do que deixamos para trás, a fim de seguir Cristo. "Outrora eu era... Outrora eu achava que tinha sorte porque... Eu me sentia seguro porque guardava... Sabia que eu era grande porque costumava... Mas agora jogo tudo isso fora porque percebo que não tinha valor algum. Só quero Jesus, não minha perfeição, segurança ou felicidade. Conhecer Jesus é mais importante para mim que tudo isso. Compartilhar seus sofrimentos é minha maior alegria porque sei que ele me deixará compartilhar sua ressurreição". É como se a caixa de quinquilharias de nosso coração se revelasse um lugar vazio e solitário; depois que o entretenimento acaba e os outros vão embora, começamos a descobrir nossa alma.

Quinta etapa: adquira mobilidade para baixo. Viva como Deus

Essencial ao pensamento paulino é a narrativa surpreendente, grandiosa de que Deus se fez homem. Isto é – no caso de não ficarmos devidamente impressionados por este acontecimento, o Filho de Deus deixou seu lugar com o Pai e sua igualdade com Deus e voluntariamente se fez homem, nascido da Virgem Maria. Não nasceu em um palácio apropriado para sua importância. Nasceu onde os animais eram mantidos, com um pouquinho de palha tirada do chão para mantê-lo aquecido. Assim começaram os 33 anos nos quais o Filho de Deus experimentou e suportou todos os aspectos de nossa vida, inclusive a tentação. Experimentou fome, sede, exaustão, frustração, dependência, discórdia, fracasso, o sentimento de estar num beco sem saída e, finalmente, a própria morte. Não morreu em régio esplendor, mas como criminoso, na morte mais humilhante possível na época (cf. Fl 2,6-8). Porém, curiosamente, Cristo Jesus tornou-se ser humano, voluntariamente deixando seu lugar como Deus e assumindo a forma de escravo. É tendência humana querer subir ao topo, querer se for possível tornar-se Deus. Queremos estar no controle, decidir o que é bom, ficar livre do sofrimento. Em vez disso, Jesus planejou um jeito muito diferente de ser humano, em direção oposta a essas três necessidades humanas. Submeteu-se ao controle dos outros; seu destino foi decidido por outros que determinavam o que era certo e bom; e voluntariamente aceitou o sofrimento. Portanto, o passo que precisamos dar é parar de brincar de Deus e aceitar nossa humanidade – a glória de ser humano como Cristo Jesus nos mostrou.

Sexta etapa: descubra um coração livre

Na camada mais profunda da transformação, encontramos paz interior – tranquilidade segura, desanuviada e calma. Nossa consciência se acalma e é menos perturbada pelos eventos da vida. Nosso coração se abre, nossa mente se descontrai e nossa percepção se torna mais transparente. São Paulo tinha muito a dizer sobre o coração humano porque lutara muito com o seu. Conhecia seu medo, sua presunção e sua enorme capacidade de amar. "Vós sois todos membros de um corpo", ele escreveu a uma comunidade de cristãos divididos em facções pela competição e pelo orgulho. "Amor e serviço são palavras eficazes. Assim como uma perna não existe sozinha, ou um braço, ou uma orelha, também vós não existis por vós mesmos. Existis apenas no serviço para o todo. Quando aceitais a direção da vida de Cristo para baixo, não descobris a derrota e a morte. Descobris vosso coração e vossa capacidade de viver profunda e divinamente." Aos coríntios, depois de ensiná-los que alguns são chamados para ser apóstolos, outros profetas, outros mestres, outros taumaturgos etc., ele recomenda o fim da competição por papéis. Em vez disso, exorta-os a ambicionar o que significa mais que tudo isso: o amor (cf. 1Cor 12,27-31).

Quaisquer dos papéis pelos quais competimos, ou nos quais procuramos ser excelentes, sem o exercício do amor não têm nenhuma utilidade. "Se eu falasse as línguas dos homens e as dos anjos, mas não tivesse amor, eu seria como um bronze que soa ou um címbalo que retine. Se eu tivesse o dom da profecia, se conhecesse todos os mistérios e toda a ciência, se tivesse toda a fé, a ponto de remover montanhas, mas não tivesse amor, eu nada seria" (1Cor 13,1-2).

Para Paulo, quais são as características do amor? Como o amor se parece? Na carta aos Coríntios, ele descreve o amor. Muitas vezes lemos as características paulinas da caridade como se fossem ordens-unidas morais. Faze isto e viverás! Entretanto, se olharmos com mais atenção, veremos que ele descreve alguém esvaziado de toda competição, de todo medo e de toda hipocrisia. Essa pessoa não precisa vociferar ou dizer coisas cruéis porque não tem medo e não está defendendo nada. Não é presunçosa nem orgulhosa porque não está competindo para chegar a nenhum lugar nem adquirir nada. O coração não é embalado por movimentos interiores de ressentimento, rancor, nem raiva, porque está confortável vendo os outros melhores que ele. Esse coração livre compraz-se com a verdade porque, em vez de interpretar as coisas somente para proteger-se ou conseguir o que quer, está pronto para desculpar, crer na verdade, esperar e suportar o que quer que aconteça (cf. 1Cor 4–8).

Sétima etapa: encare o Deus que o procurou

Quando o coração está sereno voltamo-nos para encarar o Deus que nos procurou. Não mais fugindo, temendo ou erguendo uma fachada, podemos permanecer em sua presença em paz. Finalmente, percebemos que Deus é uma pessoa e que ele deseja fazer parte de nossa vida, que sempre fizemos parte de seu plano. Muros criados pela ânsia de autopreservação e autoproteção se foram e estamos livres para fitar os olhos de Deus e deixá-lo fitar os nossos. Não há nada entre nós e Deus, nossos rostos brilham na luz de sua face. Como disse Paulo: "Todos nós, porém, com o rosto descoberto, refletimos a glória do Senhor e, segundo esta imagem, somos transformados, com uma glória cada vez maior, pelo Espírito do Senhor" (2Cor 3,18).

Somos transfigurados: nossas vidas ficam cada vez mais brilhantes com uma humanidade autêntica que revela a glória de Cristo. Cristo Jesus fixa-se em nós, nos níveis mais profundos de nossa existência. A Palavra de Deus nos dá forma e nos configura para ele. Jesus, o Caminho, a Verdade e a Vida únicos, nos transforma nele, apoderando-se completamente de todos os aspectos de nossa existência. Quando nos voltamos deste "mundo presente" para a glória de Cristo, somos moldados em Cristo, segundo sua forma. Somos renovados até sermos inteiramente configurados no arquétipo Cristo e nos transformamos numa nova criação (cf. 2Cor 5,17; Gl 6,15). Essa mudança não resulta primordialmente de nossos esforços. Resulta de permitir que o poder ativamente formador de Deus em Cristo atue em nós. É deixar que sejamos renovados.

Posfácio

Agarre-se à esperança

Bendito seja o Deus e Pai de nosso Senhor Jesus Cristo,
que nos abençoou com toda bênção espiritual nos céus, em Cristo.
Nele, Deus nos escolheu, antes da fundação do mundo,
para sermos santos e íntegros diante dele, no amor.
Conforme o desígnio benevolente de sua vontade,
ele nos predestinou à adoção como filhos, por obra de Jesus Cristo,
para o louvor de sua graça gloriosa,
com que nos agraciou no seu bem-amado.
Nele, e por seu sangue, obtemos a redenção
e recebemos o perdão de nossas faltas,
segundo a riqueza da graça,
que Deus derramou profusamente em nós,
abrindo-nos para toda a sabedoria e inteligência.
Ele nos fez conhecer o mistério de sua vontade,
segundo o desígnio benevolente que formou desde sempre,
em Cristo,

para realizá-lo na plenitude dos tempos:
reencabeçar tudo em Cristo, tudo o que existe no céu e na terra.
Em Cristo, segundo o propósito daquele que opera tudo
de acordo com a decisão de sua vontade, fomos feitos seus herdeiros,
predestinados a ser, para louvor da sua glória,
os primeiros a pôr em Cristo nossa esperança.
Nele também vós ouvistes a palavra da verdade,
a Boa-Nova da vossa salvação.
Nele acreditastes
e recebestes a marca do Espírito Santo prometido,
que é a garantia da nossa herança,
até o resgate completo e definitivo,
para louvor da sua glória.

(Ef 1,3-14)

Impresso na gráfica da
Pia Sociedade Filhas de São Paulo
Via Raposo Tavares, km 19,145
05577-300 - São Paulo, SP - Brasil - 2017